EDITORIAL DESIGN
Magazingestaltung
Der Leitfaden
für Grafiker und Journalisten

IMPRESSUM

Umschlaggestaltung: Nikola Wachsmuth, www.nw-medien.de
Unter Verwendung von Zeitschriftentiteln von 1996 bis 2014

Konzeption: Julia Wachsmuth, Nikola Wachsmuth
Layout: Julia Wachsmuth, www.designart-jw.de

Bibliografische Information der Deutschen Nationalbibliothek
Die Deutsche Nationalbibliothek verzeichnet diese Publikation in
der Deutschen Nationalbibliografie; detaillierte bibliografische
Daten sind im Internet über http://dnb.d-nb.de abrufbar.

© 2013, 2014 Stiebner Verlag GmbH, München

2., erweiterte Neuauflage 2014
Alle Rechte vorbehalten.
Wiedergabe, auch auszugsweise, nur mit ausdrücklicher
Genehmigung des Verlags.
Insbesondere die Verwendung in Schulungsunterlagen
bedarf der Genehmigung.

Die Autoren und der Verlag haben vielfältige Anstrengungen unternommen,
die Urheber des in diesem Band gezeigten Materials korrekt wiederzugeben.
Sollte dies nicht in allen Fällen geglückt sein, sind wir für jeden
weiterführenden Hinweis dankbar.

Gesamtherstellung: Stiebner, München

Printed in Hungary

ISBN 978-3-8307-1432-3
www.stiebner.com

EDITORIAL DESIGN

Magazingestaltung

Der Leitfaden für Grafiker und Journalisten

stiebner

NIKOLA WACHSMUTH arbeitet seit vielen Jahren als Creative Directorin konzeptionell für marktführende Publikationen in der gesamten Bundesrepublik. Sie berät ferner Neuentwicklungen und fertigt qualifizierte Blattkritiken an. Sie studierte Kunst und Psychologie. Es folgten viele Berufsjahre in großen Verlagshäusern wie Gruner+Jahr, Bauer, Burda oder Springer. Seit 1999 lehrt die gefragte Expertin Editorial Design mit Schwerpunkt Magazingestaltung an Fach- und Hochschulen sowie an Akademien für Journalistik. Nun veröffentlicht sie erstmals ihren fundierten Lehrstoff in diesem Kompendium.

HEIKE GLÄSER brachte das umfangreiche Wissen der erfahrenen Magazingestalterin zu Papier. Vor vielen Jahren lernte sie als Seminarteilnehmerin Nikola Wachsmuth kennen und ging durch ihre Schule. So entstand die Zusammenarbeit an diesem Buch. Die studierte Linguistin und Wissenschaftsjournalistin volontierte bei Zitty und Tagesspiegel. Sie lebt und arbeitet als freie Journalistin und Redakteurin in Berlin.

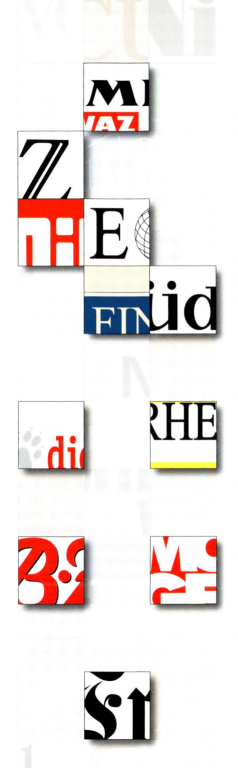

WACHSMUTH WIRKT

Ein Seminar für redaktionelle Führungskräfte an der Hamburger Akademie für Publizistik im Frühjahr 2005. Es ging um Blattoptimierung: Themen, Überschriften, Layout. Am Tag zwei löste handfester Praxisbezug die bis dahin vielfach graue Theorie ab. Die Referentin erwies sich als erfahrene Print-Designerin. Ihr Vater: fast 30 Jahre verantwortlich für die Gestaltung des SPIEGEL-Covers. Der Name der erfrischend gradlinigen Dozentin: Nikola Wachsmuth. Gerade vom Lokalchef zum Chefredakteur der Hamburger Morgenpost aufgestiegen, engagierte ich sie keine zwei Jahre später zur Begleitung eines Relaunchs. Wenig Budget, wenig Personal, wenig Zeit – das waren die Rahmenbedingungen. Für Nikola Wachsmuth kein Grund zur Klage. „Willkommen in der Wirklichkeit", sagte sie und schlug eine Einbeziehung ihrer Studenten am Institute of Design vor. Der Relaunch geriet zum Kreativ-Workshop. Es gelang der Pragmatikerin, das heterogene Layout-Team mit ihrer zielklaren Direktheit zu gewinnen. Ihre Handschrift ist Ausdruck zeitlosen Geschmacks, über den sich nicht streiten lässt. Der Nutzwert dieses überfälligen Ratgebers ist für Magazin- wie für Zeitungsmacher enorm. Allen Lesern möchte ich einen kollegialen Rat geben: Wachsmuth wirkt, machen Sie's ihr nach!

Matthias Onken
Medienberater und Autor

EINSTIEG

- **9** Vorwort
- **13** Print bleibt Print – eine Einleitung
- **15** Das Auge isst mit
- **17** Grafiker sind Handwerker
- **19** Zehn Gebote

TITELGESTALTUNG

- Der Titel **25**
- Kiosk oder Abovertrieb **27**
- Der Titelkopf **37**
- Ganz-Cover-Titel **49**
- Rahmentitel **55**
- Balkentitel **57**
- Weitere Titelvariationen **61**
- Umsetzungsidee **65**
- **TEST 77**

DRAMATURGIE

- **85** Aufbau eines Spannungsbogens
- **87** Einsatz eines Strukturplans

HEFTFÜHRUNG

- Die Navigation **95**
- Das Inhaltsverzeichnis **95**
- Heft- und Seitenführung **103**
- Visuelle Rubrizierung **105**
- Buchseiten als Gliederungselement **107**

A TYPOGRAFIE
109

- 113 Die Welt der Schriften
- 117 Das Schriftbild
- 119 Das Initial als grafisches Element
- 127 TEST

SATZSPIEGEL
129

- Aufbau und Struktur 133
- Gestalterische Freiheit 137
- Weißraum und Schiebespalte 139
- TEST 143

BILDEINSATZ
145

- 149 Information oder Provokation
- 151 Bildformate
- 151 Bildausschnitte
- 153 Bildstellung

SEITENLAYOUT
157

- Seitenspiele 161
- Layoutplanung 163
- Raum für Text und Bild 165
- Editorial und Vorschau 173
- Kurzmeldungen 177
- Farbeinsatz 179

AUSSTIEG
185

- 189 Print bewegt sich
- 199 Mehr Mut täte gut
- 201 Das Berufsbild heute
- 201 Blick in die internationale Presse
- 205 Nachwort
- 206 GLOSSAR

WARUM EIN LEITFADEN ÜBER EDITORIAL DESIGN?

VORWORT

Editorial Design nannte sich früher schlicht „Titel- und Magazingestaltung". Das klingt zwar nicht so schick wie die englische Bezeichnung, trifft aber den Kern dessen, was man auch mit „redaktioneller Gestaltung" übersetzen könnte. Das Berufsbild, das sich dahinter verbirgt, könnte spannender nicht sein, denn es umfasst vier unterschiedliche Bereiche in einem: Grafik, Fotografie, Typografie und Journalismus. Ein Editorial Designer muss Kenntnisse und Fertigkeiten aus all diesen Teildisziplinen mitbringen: gestalterische Kreativität, Bildgefühl, typografisches Wissen und journalistisches Interesse.

Editorial Design will also gelernt sein. Es gibt jedoch in Deutschland weder einen Studiengang, der sich ausschließlich auf die grafische Gestaltung von Printmedien konzentriert, noch werden gestalterische Grundlagen in den journalistischen Ausbildungen vermittelt. Heute trifft man in Verlagen und Redaktionen kaum mehr Mentoren oder Lehrmeister an, die ihr Wissen an junge Grafiker weitergeben. Dies ist zumindest meine Erfahrung nach 35 Berufsjahren. Ich selbst hatte in meinen Anfängen noch hervorragende Lehrmeister – in großen Verlagshäusern wie Gruner+Jahr, Bauer, Burda und Springer. Seit fünfzehn Jahren unterrichte ich nicht nur Studenten an Werbefachschulen, sondern auch erfahrene Blattmacher und Layouter aus der Verlagswelt. Immer wieder begegnen mir dabei die gleichen Fehler, die in der Praxis gemacht werden, weil offensichtlich das nötige Fachwissen abhanden gekommen ist. Wenn ich Inhouse-Seminare in Verlagen abhalte, beobachte ich häufig, wie wenig Journalisten und Grafiker miteinander kommunizieren. In den Redaktionen muss unter den derzeitigen

„Perfektion erlangt man nicht dadurch, dass man außergewöhnliche Dinge tut, sondern dadurch, dass man gewöhnliche Dinge außergewöhnlich gut tut"

Angélique Arnauld
Französische Äbtissin

Produktionsbedingungen alles schnell gehen; jeder sitzt einsam an seinem Computer. Nur wenn sich Grafiker und Journalisten auf Augenhöhe begegnen und eng zusammenarbeiten, kann die visuelle Umsetzung von Texten gelingen.

Dieses Handbuch richtet sich an Grafiker und Journalisten. Es ist ein Leitfaden, der die Grundlagen für eine erfolgreiche Magazingestaltung anhand vieler praxisbezogener Beispiele vermittelt. Dabei wähle ich nicht nur gute, sondern auch bewusst schlechte Beispiele, weil sie in der Praxis erschreckend häufig vorkommen, sowie ältere Beispiele, weil sich an ihnen gestalterische Grundregeln anschaulich erklären lassen, die heutzutage leider oft nicht mehr beachtet werden. Ich konzentriere mich dabei auf die Welt der Magazine, nehme aber auch Bezug auf den Zeitungsbereich. Publikationen der Yellow Press lasse ich außen vor, weil dort andere gestalterische Kriterien eine Rolle spielen.

Editorial Design ist Handwerk und keine Kunst. Es verhält sich wie mit der Malerei: Erst wenn man die Grundregeln verstanden und umgesetzt hat, kann man sie durchbrechen und so plötzlich etwas Neues und Verrücktes wagen. Ich nenne es Seitenspiele. Dann beginnt – mit etwas Talent – die künstlerische Kreativität.

Dieses Buch wird Grafikern und Journalisten die Augen öffnen und den Blick schärfen.

Viel Spaß dabei, Nikola Wachsmuth

Die nach kurzer Zeit erweiterte zweite Auflage dieses Buches zeigt, wie notwendig ein Leitfaden für Gestalter und Journalisten ist. Ich freue mich über das Interesse.

Lesefreundlich, ideenreich und mit viel Liebe zum Detail gestaltet: das Bookazin CUT. Das klassisch modern gestaltete Magazin HALALI ist wesentlich ansprechender als die Konkurrenz

PRINT BLEIBT PRINT – EINE EINLEITUNG

Häufig fragen mich junge Studierende oder Teilnehmer in meinen Seminaren, ob das Wissen über Titel- und Magazingestaltung im digitalen Zeitalter überhaupt noch nötig sei. Ja, Titel- und Magazingestaltung sind wichtiger denn je! Zwar sind die Printmedien in Zeiten des Internets sicherlich besonders von Auflagenschwund und Anzeigeneinbrüchen betroffen – vor allem die Tageszeitungen werden vermutlich komplett ins Netz wandern –, aber nichts kann das Durchblättern eines Magazin ersetzen. Die Liebe zur Haptik wird nicht aufhören. Im Gegenteil: Gerade die gewaltige Informationsflut im Internet kann der Leser kaum bewältigen. Deshalb wird Qualitätsjournalismus wieder stärker nachgefragt. In Zukunft wird es mehr um saubere journalistische Arbeit und um Hintergrundberichterstattungen gehen, wie man sie im Internet nicht findet. Der Leser wünscht sich gut recherchierte Texte und ein ansprechendes Seitenlayout: Lesen statt googeln. Laut jüngsten Erhebungen sind im Jahr 2012 so viele neue Zeitschriftentitel erschienen wie nie zuvor. Print bleibt Print.

> „Ich halte die Printmedien für sehr wichtig. Lesen können ist noch einmal etwas anderes als im Internet zu sein"
>
> Angela Merkel, 2012

Das Internet macht Grafikern und Journalisten das Leben zwar einerseits schwerer, andererseits aber auch interessanter. Es fordert sie dazu heraus, Magazine wieder wesentlich emotionaler und liebevoller zu gestalten. Der Leser will überrascht werden, er sucht Lesegenuss. Und diesen erreicht man nur durch eine lesefreundliche Gestaltung, die eine schnelle, zugleich ruhige und klare Lektüre ermöglicht.

Monatlich, zweimonatlich oder vierteljährlich erscheinende Titel, die eine gewisse Hochwertigkeit besitzen, sogenannte „Bookazine", erfüllen diese Kriterien und sind deshalb im Kommen. Das Magazin CUT – „Leute machen Kleider" zählt zu den positiven Beispielen, die sich seit 2009 am Markt behaupten. Es platzt vor Ideenreichtum, lebt von liebevoll gestalteten, teilweise verspielten Details – bei ungewöhnlich hoher Lesefreundlichkeit. Vor allem wenn man es mit dem Vorläufer, dem Magazin BURDA MODEN vergleicht, das seinerzeit erstmals mit einem beigelegten Schnittmuster erschienen ist. Als zweites positives Beispiel ist HALALI zu

Liebevoll angerichtet: Das Auge isst mit

nennen, ein Jagdmagazin, das seit April 2011 vierteljährlich erscheint. Es ist ein Gegenentwurf zu gängigen Zeitschriften dieses Genres und erscheint in seinem anspruchsvollen Layout wesentlich moderner und ansprechender als die etwas verstaubte Konkurrenz wie WILD UND HUND.
Printobjekte wie CUT und HALALI leben von einem hochklassigen Layout mit hervorragendem Fotomaterial. Die Gestaltung beider Magazine folgt bei näherer Betrachtung visuellen Gesetzmäßigkeiten. Und diese werden weiterhin unabhängig von den neuen technischen Möglichkeiten Bestand haben, egal ob es sich um altmodisches Klebelayout, Umsetzung in Indesign oder iPad-Programmierung handelt.

DAS AUGE ISST MIT

Die Menschen nehmen sich immer weniger Zeit zum Lesen. Wenn man den ganzen Tag vor einem Computerbildschirm sitzt, freut man sich um so mehr, zum Feierabend ein schönes Magazin in die Hand zu nehmen. Ob Fachmagazin oder Publikumszeitschrift, die Lektüre sollte Genuss bereiten. Mit einem Magazin verhält es sich ähnlich wie mit einem Steak. Das Auge isst mit: Landet das Steak schön dekoriert und liebevoll angerichtet auf dem Teller, schmeckt es wesentlich besser und macht auch mehr Freude. Das Steak ist der Inhalt, die Dekoration das Layout. Wenn das Steak nach dem dritten Bissen zäh schmeckt, dann kann der Grafiker das Gericht vielleicht noch retten. Er kann optisch eine Wirkung erzielen, die wenigstens das Durchblättern reizvoll macht, sofern er über gutes Bildmaterial verfügt. Wenn der Text allerdings bereits in der ersten Spalte langweilt, dann kann auch der Layouter nichts mehr ausrichten. Eine gelungene Gestaltung setzt eine hohe Textqualität voraus. Dafür sind eigentlich die Journalisten zuständig, aber auch ein Art Director sollte inhaltlich immer bestens Bescheid wissen und nach Möglichkeit alle Texte lesen. Falls es die Zeit nicht erlaubt, sollte er alle Artikel zumindest querlesen oder sich von den zuständigen Redakteuren erzählen lassen, um was es in der Reportage, dem Interview oder dem Hintergrundbericht geht. Als Grafiker wird man im Laufe eines Berufslebens nicht dümmer, ganz im Gegenteil. Es gibt hervorragende journa-

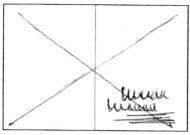

Aufmacherseite mit einem Bild aus dem Beschnitt, einer Headline und einem Vorspann

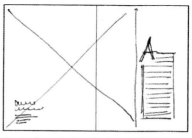

Zweite Doppelseite mit einer 2/3 Bildeinheit, Bildtext und der ersten Textspalte mit Initial

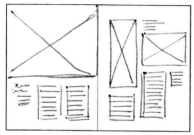

Dritte Doppelseite mit verschiedenen Bildformaten und locker gesetzten Textspalten

Beispiel für einen Zweiseiter: Einseitiges Bildmotiv mit dazu passender Textstellung

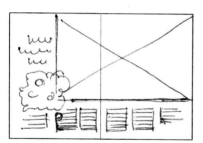

Aufmacherseite mit großem Bildmotiv, eingeplantem Freisteller und Textspalten

Beispiel für einen Zweiseiter mit mehreren Bildmotiven, Headline, Vorspann und Text

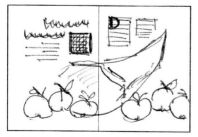

Scribble für ein Foto-Shooting mit Berücksichtigung des Falzes

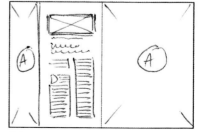

Seite mit zwei Anzeigenplatzierungen, kleinem Bildformat und kurzer Texteinheit

listische Texte aus Themengebieten, die man vorher nicht kannte. Der Grafiker muss den Journalisten verstehen und umgekehrt: Der Journalist muss auch den Grafiker verstehen. Sie müssen die gleiche Sprache sprechen. Beide verhalten sich wie Spiegelbilder, keiner kann ohne den anderen. Das ist das A und O der Zusammenarbeit. Kurz: Ein guter Gestalter sollte Spaß am Lesen haben und die journalistischen Inhalte erfassen, bevor er mit der Magazingestaltung beginnt.

GRAFIKER SIND HANDWERKER

Um nun eine gelungene Magazingestaltung zu erreichen, sollte man die wichtigsten Grundregeln der Grafik beherrschen. Diese Grundgesetze gelten – ähnlich wie in der Malerei – weiterhin, auch wenn sie kaum mehr vermittelt werden und verloren zu gehen drohen. Heute meint jeder, er könne am Computer layouten. Dabei bietet der Rechner nur technische Möglichkeiten. Er ist nur ein Handwerkskasten, aber kein Ideengeber. In der Praxis kann es passieren, dass ein Grafiker 150 Bilder in ein Layout-Programm lädt. Dann schiebt er stundenlang alles wahllos hin und her, anstatt erst einmal nachzudenken: Um was für eine journalistische Geschichte handelt es sich? Worum geht es? Wie viele Doppelseiten stehen für die Gestaltung zur Verfügung? Welches Bildmaterial eignet sich für die Geschichte? Ich empfehle, zunächst auf dem Papier zu scribbeln, bevor man sich an den Computer begibt, um das Layout aufzubauen. Das spart nicht nur Zeit, sondern erhöht auch die Kreativität.
Editorial Designer sind keine Künstler, sie sind Handwerker. Jeder Tischler muss seine Grundregeln kennen, er muss wissen, wie Holz beschaffen ist. Auch Pablo Picasso hat, bevor er ein Bild gemalt hat, etwas über die Chemie der Ölfarben oder über die Pinsel, die er benutzt, in Erfahrung gebracht. Es ist ein Handwerk, zu wissen und zu entscheiden, welches Material man zu welchem Zeitpunkt richtig einsetzt. Das hat nichts mit Kunst zu tun. Zunächst muss erlernt werden, wie man einen Stier oder ein Pferd naturalistisch zeichnet und malt. Erst dann kann man ein Kunstwerk daraus machen. Kreativität und künstlerische Freiheit können also erst dann einsetzen, wenn man das Handwerk beherrscht.

GEBOTE...

...FÜR DEN GESTALTER

- Abhebung von der Konkurrenz
- Zielgruppengerechtes Gestalten
- Interessante Heftdramaturgie
- Kreativität vor dem Computereinsatz
- Erfassen der journalistischen Inhalte
- Klare Heftstrukturierung
- Lesefreundlicher Textumbruch
- Sinnvoller Bildeinsatz
- Abgrenzung zum Anzeigenbereich
- Ideen auch mit wenig Budget

„Woche für Woche ist es eine Herausforderung, mit dem SPIEGEL-Titel einen grafischen Kommentar zum politischen Zeit- und Weltgeschehen abzugeben, immer mit dem Anspruch, eine möglichst noch nie gesehene Idee ungewöhnlich und provokativ in Szene zu setzen, ob typografisch, fotografisch oder illustrativ"

Stefan Kiefer
Ressortleiter SPIEGEL-Titel

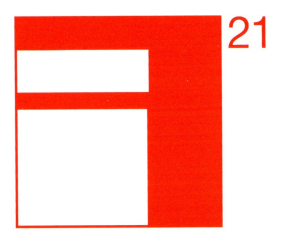

TITELGESTALTUNG

Wie erreicht man eine Signalwirkung am Kiosk? Welche Gestaltungsmöglichkeiten bleiben bei gestaffelter Stellung? Wann macht eine Anrissleiste Sinn? Welche Rolle spielt das Heftformat für den Titel?

Angesichts
der Vielfalt von
Magazinen
ist es eine große
Herausforderung,
sich in der
Masse abzuheben
und eine
Alleinstellung
zu erreichen

  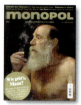  

DER TITEL

Der Titel eines Magazins ist die größte gestalterische Herausforderung. Denn auf der Umschlagseite müssen der Stil und die inhaltliche Ausrichtung einer Publikation zum Ausdruck kommen. Format, Farbe, Titelkopf, Typografie und Bildeinheit prägen den gesamten Charakter einer Zeitschrift – und dieser Charakter sollte einzigartig und eindeutig sein. Ziel eines jeden Verlegers ist es, eine erkennbare Markenidentität zu erzeugen und damit die Einmaligkeit des Produkts zu betonen. Dieses Alleinstellungsmerkmal wird gewöhnlich USP (Unique Selling Proposition) genannt. Ich bezeichne das USP auch gerne als die DNA eines Magazins.

Es empfiehlt sich, bei einer Neuentwicklung einer Zeitschrift immer mit dem Titel zu beginnen. Denn die Titelgestaltung hat Auswirkungen auf das gesamte Innenlayout. Ich vergleiche dieses Vorgehen gerne mit der Herstellung eines Mantels. Wenn ich einen edlen Kamelhaarmantel herstelle, dann werde ich ihn hinterher nicht mit billigem Nylon füttern, sondern gebe ihm ein entsprechend hochwertiges Futteral. Meiner Meinung nach – es gibt dazu auch andere Einschätzungen – sollte man also am besten mit der Titelgestaltung anfangen.

Der Titel ist das Erste, was der Leser am Kiosk sieht. Abgesehen vom reinen Abonnementvertrieb muss sich eine Zeitschrift am Kiosk behaupten. Um ein Magazin erfolgreich im Zeitschriftenladen zu platzieren, muss ein Grafiker bei der Titelgestaltung auf eine hohe Signalwirkung setzen, damit der Leser auf das Magazin in der Masse des Angebots überhaupt aufmerksam wird.

Diese Signalwirkung lässt sich auf unterschiedliche Art und Weise erzielen. Dem Titelkopf kommt dabei eine besondere Bedeutung zu. Er besteht aus dem Schriftzug, einer Titelunterzeile und gegebenenfalls einem zusätzlichen Signet, wie es beispielsweise der STERN hat. Der Titelkopf transportiert den Namen, das Genre und das Image des Magazins. Man sollte sofort sehen, ob es sich um ein Modemagazin, ein Designheft oder um eine Hi-Fi-Zeitschrift handelt.

RATSCHLAG
Der Titel prägt den Charakter einer Zeitschrift. Bei einer Neuentwicklung sollte man immer mit der Titelgestaltung beginnen. Sie wirkt sich auf das gesamte Innenlayout aus.

Jedes Magazin erhält durch Format, Farbe, Signet, Typografie und Bildeinheit seinen Wiedererkennungswert. Der Käufer verweilt heutzutage nur noch cirka zwei bis drei Sekunden am Zeitschriftenregal

Ob im Wartezimmer oder Zuhause: Auch in einem Zeitschriftenstapel sollten sich Publikationen voneinander abheben

Die Bildeinheit, die Motivwahl sowie der Bildausschnitt spielen ebenfalls eine wesentliche Rolle. Auch die Wahl des Heftformats sollte genau durchdacht sein. Dazu kommen Überlegungen zur Platzierung der Schlagzeile sowie weiterer Zusatzthemen, die gut lesbar sein und dennoch nicht das Hauptbildmotiv zu sehr überdecken sollten. Die Typografie stellt eine weitere Herausforderung dar. Die Schriftzeichen müssen sicher auf dem Cover stehen.

Darüber hinaus gibt es verschiedene Gestaltungsformen für den Titel wie Ganz-Cover-, Rahmen- oder Balkentitel, Multi-Picture-Cover, reine Typografietitel oder Illustrationstitel, die ich im Einzelnen vorstellen werde. Nicht zu vergessen der sogenannte Umsetzungstitel, der in allen Gestaltungsformen auftauchen kann. All diese Aspekte der Titelgestaltung werden in diesem Kapitel detailliert erklärt und in Zusammenhang gebracht. Denn erst im Zusammenspiel – und darin besteht die hohe Kunst – lässt sich ein Magazintitel erfolgreich gestalten.

KIOSK ODER ABOVERTRIEB

geschuppte Stellung

gestaffelte Stellung

Es ist ein großer Unterschied, ob ein Magazin am Kiosk verkauft oder über ein Abonnement vertrieben wird. Der Abonnent hat sich bereits für eine bestimmte Publikation entschieden, die er regelmäßig per Post erhält, und kann das jeweilige Titelbild als Ganzes auf sich wirken lassen. Dieser Luxus fällt bei Magazinen, die sich am Kiosk behaupten müssen, komplett weg. Wer einen Kiosk betritt, kennt das Gefühl, von der schieren Masse an Titeln optisch regelrecht erschlagen zu werden. Kioskbetreiber legen ihr Angebot an Zeitschriften und Magazinen meist in gestaffelter oder geschuppter Stellung aus, um möglichst viele Titel auf kleinem Raum zu präsentieren. Es ist Sache des Zeitschriftenhändlers, welche Printobjekte er in einem Regal gestaffelt oder auf einem Ständer geschuppt platziert. Für einen Verleger ist es schwierig, auf die Art der Positionierung seiner Publikationen Einfluss zu nehmen. Er hat zwar die Möglichkeit, eine Einzelauslage seines Printobjekts durchzusetzen, allerdings nur, wenn er bereit ist, dafür zusätzliche Kosten in Kauf zu nehmen.

Der Balkentitel von 1950 wurde 1955 vom Rahmentitel abgelöst, der bis heute Bestand hat. Er verstärkt die Signalwirkung wie auch der nach links gestellte Schriftzug

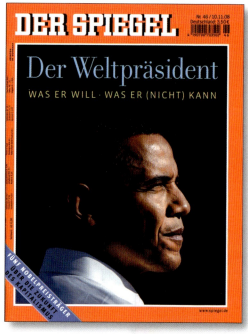

Auch der STERN hat sich über die Jahrzehnte sukzessive verändert. Das Signet wurde nur geringfügig bearbeitet und dient bis heute als Markenzeichen vieler Publikationen aus dem Hause Gruner+Jahr

Bei der gestaffelten Stellung kann es passieren, dass bis zu 90 Prozent des Covers nicht sichtbar sind. Das bedeutet für den Grafiker, dass ihm lediglich ein schmaler Streifen von wenigen Zentimetern an der linken Heftkante zur Verfügung steht, um eine Signalwirkung zu setzen. Das ist eine große Herausforderung. Die geschuppte Auslage ist nicht weniger problematisch: In diesem Fall ist zwar die obere Heftkante sichtbar und dadurch der Titelkopf oder zumindest ein Teil davon erkennbar, aber auch hier ist das Titelblatt als Ganzes nicht zu sehen. Es bleiben nur wenige Gestaltungsmöglichkeiten, um auf minimalem Raum ein maximales Signal zu setzen, das eine schnelle Wirkung entfaltet.

Unterschiedliche Titelvariationen zu einer Ausgabe erhöhen den Kaufanreiz

Die Betonung liegt auf Schnelligkeit, denn Untersuchungen haben ergeben, dass sich ein Leser am Kiosk nur zwei bis drei Sekunden Zeit nimmt, um zu entscheiden, ob er nach einer Zeitschrift greift oder nicht. Entweder greift er zu einem vertrauten Produkt, das er regelmäßig liest. Dieses will er möglichst schnell am Kiosk finden und wiedererkennen. Oder der Leser greift nach einer neuen Publikation, weil er neugierig geworden ist und sie interessant findet. In beiden Fällen entscheidet der Kunde ohne langes Zögern.

Hat der Leser die Zeitschrift erst einmal in der Hand, um das gesamte Cover zu betrachten, dann ist dem Grafiker eine gute Arbeit gelungen. Er hat beim potenziellen Käufer den ersten Impuls ausgelöst, das Magazin aus der gestaffelten oder geschuppten Stellung herauszuziehen. Danach muss es selbstverständlich weitere Anreize geben, die den Leser dazu bewegen, die Zeitschrift aufzuschlagen oder durchzublättern und sie schließlich zu kaufen.

Wie erreicht man eine Signalwirkung am Kiosk?

Der Titel ist nichts anderes als ein kleines Plakat. Und wie bei der Plakatgestaltung muss man vor allem ein Signal setzen. Das kann zum Beispiel durch eine geeignete Bildformation erreicht werden oder durch die Farbgebung. Nicht umsonst beobachtet man am

Bei Magazinen mit einem Buchrücken,
der durch die Klebebindung entsteht, kann dieser
für eine weitere Signalwirkung
genutzt werden – wie bei BRAND EINS

Hochwertige Magazine wie MARE sind
Sammlerobjekte. Legt man die einzelnen Ausgaben
der Reihenfolge nach übereinander,
ergeben die einzelnen
Buchrücken ein eigenes Bildmotiv

Die Buchrücken von PAGE
ergeben zusammengestellt
den Magazinnamen

Kleiner Farbeffekt mit großer Wirkung: Die Signalfarbe Rot ist sparsam auf dem Schwarz-Weiß-Cover eingesetzt

Kiosk vermehrt die Signalfarben Rot und Gelb. Viele Magazine entscheiden sich für eine zu ihrem Produkt passende typische Farbe, etwa das Grün von GEO oder das Orangerot von DER SPIEGEL: Farben, die ab einem bestimmten Bekanntheitsgrad auch aus der Ferne wirken und wiedererkannt werden.

Jedes Cover benötigt immer einen Eyecatcher. Das Bildmotiv muss einen Schwerpunkt besitzen, an dem das Auge hängen bleibt. Um zu überprüfen, ob ein Titel seine Signalwirkung erfüllt, hängt man den Titelentwurf am besten an die Wand und nimmt Abstand. Der Titel muss auch auf eine Distanz von fünf Metern noch wirken. Unruhige, kleinteilige Bilder sollte man vermeiden, denn ihnen fehlt ein Schwerpunkt. Um einen solchen trotzdem zu erreichen, kann man sich bei einem unruhigen Bildmotiv für eine Schwarz-Weiß-Variante entscheiden, in die man einen Farbeffekt setzt. Das kann sogar nur ein kleiner Signalpunkt sein, beispielsweise der rote Nagellack auf dem oben abgebildeten STERN-Titel.

Welche Gestaltungsmöglichkeiten bietet die gestaffelte Stellung?

Bei gestaffelter Auslage stehen dem Grafiker nur ein bis zwei Zentimeter an der linken Heftkante zur Verfügung. Deshalb sollte der Titelschriftzug möglichst weit links platziert werden, bei längeren Magazintiteln wie COSMOPOLITAN kann er die gesamte Heftbreite einnehmen – aber auch hier gilt: Die linke Heftkante darf nicht leer bleiben. Viele Magazine stürzen den Titelschriftzug zusätzlich in kleinerer Typo oder platzieren – ebenfalls gestürzt – die Webadresse in der oberen linken Ecke. Das ist optisch zwar nicht sonderlich schön, hilft dem Leser aber, das gewünschte Magazin schnell zu finden. Auch weitere Zusatzthemen werden häufig links platziert – nicht ohne Grund, denn es besteht immerhin die Chance, dass vom Text so viel zu lesen ist, dass es den Käufer neugierig macht. Hochwertige Magazine und Bookazine haben auf-

Zeitungskopf mit Kapitälchen und eigenem Signet

Anrissleiste für wichtige Zusatzthemen

KICKER wie auch andere Magazine haben die Anrissleiste vom Zeitungslayout übernommen

Inzwischen setzt KICKER eine farbige Fläche mit Zusatzthemen vor seinen Titel-Schriftzug zur Signalwirkung am Kiosk

grund der Klebebindung einen Buchrücken, der ebenfalls für eine Signalwirkung genutzt werden kann. Die Schrift auf dem Buchrücken sollte so gesetzt sein, dass der Käufer beim Lesen den Kopf nach links neigt. In den Niederlanden und in Großbritannien ist es übrigens umgekehrt. Dort neigen die Leser den Kopf nach rechts, wenn sie an einem Bücherregal entlanggehen, um die Titel zu lesen. Es gibt offenbar Lesegewohnheiten, die kulturell geprägt sind, und sich nicht so einfach verändern lassen. Man muss sie nur kennen. Auch die Farbgebung spielt eine große Rolle. Besonders Zeitschriften, die einen farbigen Rahmen haben, sind hier im Vorteil, da dieser in gestaffelter Stellung über die gesamte linke Heftkante sichtbar bleibt.

Wann macht eine Anrissleiste Sinn?

Die niederländische Zeitung DE MORGEN setzt den Titelkopf sogar sehr tief und platziert die Anrissleiste darüber

Die sogenannte Anrissleiste kommt aus dem Zeitungslayout. Die leider inzwischen eingestellte Wochenzeitung DIE WOCHE war die erste im deutschsprachigen Raum, die eine Leiste mit Zusatzthemen unterhalb des Titelkopfes platziert hat. Da Zeitungen häufig in einem Ständer in geschuppter Stellung verkauft werden, machte dieser grafische Coup gerade dort durchaus Sinn. Denn die Anrissleiste ist bei dieser Kioskplatzierung gut zu erkennen. Da aber inzwischen auch immer mehr Zeitschriften in geschuppter Stellung präsentiert werden, haben Grafiker die Anrissleiste übernommen und auch bei der Magazintitelgestaltung eingesetzt. Das Fußballmagazin KICKER arbeitet beispielsweise mit einer sehr breiten Anrissleiste. Das hat den Vorteil, dass sie das Covermotiv von Text entlastet. Doch Vorsicht: Häufig werden Miniaturbilder dazugestellt, die viel zu kleinteilig sind und vom Leser gar nicht wahrgenommen werden. Deshalb ist es besser, sich nur auf den Text zu konzentrieren und zu versuchen, den Leser auf den Textinhalt neugierig zu machen. Miniaturbilder machen allenfalls Sinn, wenn man das richtige Motiv wählt und beispielsweise nur einen interessanten Ausschnitt eines Bildes zeigt, der im Innenteil als Ganzes gezeigt wird. Ähnlich wie

Standardmagazingröße 210x280   LIEBLING in Übergröße 310x470

 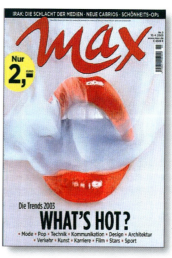

Standardmagazingröße 210x280   MAX in Übergröße 230x297

bei einem Bilderrätsel, das nur ein Detail zeigt, um den Leser dazu zu animieren, das gesamte Bild sehen zu wollen. In der internationalen Presse sind die Layouter etwas mutiger als hierzulande. Die niederländische Zeitung DE MORGEN oder auch der britische THE GUARDIAN setzen den Titelkopf sehr tief und platzieren die Anrissleiste darüber. Beide Publikationen verkaufen sich fast ausschließlich über ihre Themen und nicht über den Titelschriftzug.

Welche Rolle spielt das Heftformat für den Titel?

Bei der Festlegung des Formats spielt nicht nur Geld eine Rolle, sondern auch die Ansprüche der Anzeigenkunden, die nur ungern ihre Anzeigen neu gestalten wollen, weil ein Magazin ein ungewöhnliches Format bevorzugt.

Publikationen wie LIEBLING oder MAX mit ihren Überformaten waren zwar am Kiosk auffällig, aber unpraktisch zu lesen. Kleine Formate wie Maxipocket bei Frauenzeitschriften haben sich ebenfalls nicht durchgesetzt, sie werden nicht als Magazine ernst genommen. Das Standardmagazinformat liegt bei 210 x 280 Millimeter. Daran ist der Leser gewöhnt, das ist ihm vertraut.

Um am Kiosk aufzufallen, kann man aber das Standardformat etwas sprengen. Gibt man in der Höhe einige Millimeter hinzu, nähert man sich zu sehr dem Briefpapierformat (210 x 297 Millimeter) an. Das kann ungünstige Auswirkungen auf die Proportionen im Innenlayout nach sich ziehen. In der Breite kann man wenige Zentimeter zugeben, allerdings nicht zu viel. Denn sonst entsteht schnell der Eindruck eines Katalogs. Querformate funktionieren am Kiosk überhaupt nicht. Sie können nicht einmal gestaffelt ausgelegt werden. Es gab in der Vergangenheit einige Versuche, querformatige Zeitschriften auf den Markt zu bringen – ohne Erfolg. Erfahrungsgemäß stellt sich beim Leser nicht das vertraute Magazingefühl ein, wenn eine Zeitschrift zu stark vom Standardformat abweicht.

HINWEIS

Überformate fallen am Kiosk auf. Beim Leser stellt sich aber nicht das vertraute Magazingefühl ein, wenn eine Zeitschrift zu stark vom Standardformat abweicht.

Lange Magazinnamen sind auf dem Cover schwierig zu platzieren. ARCHITEKTUR & WOHNEN hat sich inzwischen für das Kürzel A&W entschieden. BILD DER WISSENSCHAFT bleibt bei der Zweizeiligkeit

DER TITELKOPF

Der Titelkopf prägt die Marke einer Publikation. Häufig wird vom Logo gesprochen, was zu Missverständnissen führt: Die Bezeichnung Titelkopf ist präziser. Er umfasst den Namen, auch Wortmarke genannt, sowie die Titelunterzeile und gegebenenfalls ein Logo, das auch Icon oder Signet genannt wird. Ein Beispiel sind die drei Farbpunkte der TV-Zeitschrift HÖRZU. Das Logo ist also nur ein zusätzliches Merkmal.

Der Stil der Zeitschrift wird durch die Typografie geprägt. Der Inhalt oder auch das Genre wird mit dem Namen und – falls gewünscht – einer Titelunterzeile transportiert. Alles zusammen muss die Einmaligkeit des Produkts zum Ausdruck bringen: das USP. Mit dem Titelkopf erhält die Zeitschrift gewissermaßen ihre Identität. Er ist das Markenzeichen einer Publikation.

Der Titelkopf sollte optisch dauerhaft wirken und im besten Fall mehrere Jahre lang gültig sein. Der Leser reagiert äußerst empfindlich auf starke Veränderungen. Deshalb ist es ratsam, bei einem Redesign die Lesegewohnheiten zu berücksichtigen und zum Beispiel radikale Typoveränderungen zu vermeiden. Im Idealfall modifiziert der Grafiker vorsichtig den Duktus des Titelschriftzuges, sodass es der Leser kaum wahrnimmt. Erfahrungsgemäß besteht immer die Gefahr, mit einem Relaunch Stammkäufer oder Abonnenten zu verlieren. Vorsicht ist also geboten.

Bereits die Entwicklung des Namens ist ein langwieriger Prozess, an dem in der Verlagspraxis meist viele verantwortliche Mitarbeiter aus der Redaktion, der Anzeigenabteilung oder des Vertriebs beteiligt sein können. Der Begriff sollte eingängig sein und sich auch gut aussprechen lassen, falls der Magazinname auch in Radio- oder TV-Spots zum Einsatz kommen soll. Ein einfacher Test besteht darin, zu fragen: „Hast Du schon den Artikel in … gelesen?" oder „Hast Du schon die neue Ausgabe von … gekauft?". Bei Magazintiteln wie NAHVERKEHR oder BETONGOLD klingt das unfreiwillig komisch. Dies sei aber nur am Rande erwähnt.

In jedem Fall sollte der Name einer neuen Zeitschrift einprägsam sein und visuell wirken. Es ist sinnvoll, den Gestalter

Der Klassiker unter den TV-Zeitschriften: Im Originalschriftzug aus den 1950er Jahren (unten) sind die drei Farbpunkte bis heute immer noch integriert

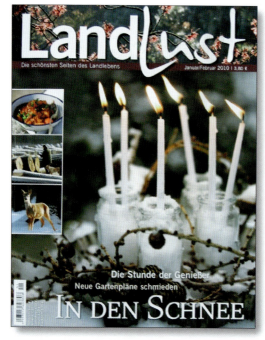

Die Idee, Druck- und Handschrift zu kombinieren, ist gut für die Bildung eines Alleinstellungsmerkmals. Deswegen wird sie häufig kopiert. Es ist allerdings anspruchsvoll, einen geschlossenen Titelschriftzug zu kreieren. Weder dem Original noch den Nachahmern ist das gelungen

bereits bei der Namensentwicklung hinzuzuziehen, damit er optisch mitdenken kann. Denn auch gestalterische Aspekte spielen beim Titel eine große Rolle. Ein langer Name mit vielen Buchstaben wie COSMOPOLITAN, BILD DER WISSENSCHAFT oder ARCHITEKTUR UND WOHNEN ist schwierig auf dem Cover zu platzieren. Häufig kommen aufgrund des beschränkten Raums nur schmale Schriftschnitte (condensed) in Frage. Außerdem sollte die Abfolge der Buchstaben bedacht werden. Sie müssen gut zueinander stehen. Zwischen einem „L" und einem „A" etwa bildet sich eine unschöne Lücke, das Schriftbild wirkt nicht geschlossen. LANDLUST hat im Jahr 2012 eine verkaufte Auflage von einer Million überschritten. Der Titelschriftzug mit der integrierten Handschrift drückt Emotionalität aus. Dennoch ist die Wortmarke nicht ganz gelungen: Die Kombination von Satz- und Schreibschrift ergibt keine geschlossene Schriftfolge. Auch die Spationierung zwischen den Buchstaben „L" und „u" könnte geringer sein. Die optische Geschlossenheit ist bei der Titelkopfgestaltung entscheidend: Der gesamte Schriftzug muss wie eine Bildeinheit wirken. Ihren Erfolg verdankt die Zeitschrift LANDLUST meiner Meinung nach sicher nicht ihrer Titeltypografie, sondern eher ihrem Inhalt. Die Idee, Druck- mit Handschrift zu kombinieren, ist allerdings gut für die Bildung eines USP.

Die Buchstaben „L" und „A" bilden keine geschlossene Buchstabenfolge

Andere Magazine wie LANDIDEE, LANDGENUSS oder LANDZAUBER haben das Konzept sowie die Anmutung des Titelkopfes fast 1:1 kopiert.

Die Wortmarke von MAX ist hingegen handwerklich hervorragend: Der geschwungene Schriftzug ist perfekt in sich geschlossen und bildet eine Einheit. Kein Buchstabe steht für sich alleine. Selbst der schwierige Buchstabe „x" ist sehr gut integriert. Der Titelkopf erfüllt alle Kriterien für ein gelungenes USP, weil er handgezeichnet ist und nicht aus einer bereits existierenden Schrift kreiert wurde. Er ist einzigartig.

Mit der Typografie kann man den Stil des Magazins beeinflussen, je nachdem, ob es sich um eine sachliche, verspielte oder emotionale Thematik handelt. Ob der Grafiker eine Schrift mit oder ohne Serifen wählt, hängt auch davon ab, ob er

Der geschwungene Titelschriftzug von MAX ist hervorragend gelungen: Er ist handgezeichnet und nicht aus einer bereits existierenden Schrift kreiert. Kein Buchstabe steht für sich alleine, selbst der schwierige Buchstabe „x" ist sehr gut integriert

Die Frauenzeitschrift ELLE hat inzwischen einen Bekanntheitsgrad erreicht, dass sie es sich leisten kann, einen Buchstaben des Titelschriftzuges nicht nur abzudecken, sondern sogar komplett wegzulassen. Dennoch wird die Zeitschrift sofort erkannt

Die Musikzeitschrift FONO FORUM vor und nach einem Redesign: Der neue Titelschriftzug steht nach der Zurücknahme des kursiven Schriftschnittes wesentlich stabiler als zuvor

den Titelkopf für einen Ganz-Cover-Titel oder einen Rahmen- beziehungsweise Balkentitel entwirft. Eine Serifenschrift hat zarte Füßchen an den Buchstaben, die auf einem unruhigen Hintergrund, wie er beim Ganz-Cover entstehen kann, meist schlecht erkennbar sind. Bei einem Rahmen- oder Balkentitel lässt sich eine Schrift mit Serifen gut einsetzen, da sie auf einem ruhigen Farbfeld steht. Der Schriftzug ist gut zu lesen und kann seine Wirkung entfalten. Von kursiven Schriften rate ich grundsätzlich ab. Die Buchstaben sind nach rechts geneigt und stehen somit nicht so stabil wie die bei geraden Schriften. Außerdem gibt es nur wenige Schriftschnitte mit gelungener kursiver Typografie.

Ich empfehle, eine möglichst ungewöhnliche Typo zu wählen, die auffällt und sich einprägt wie etwa bei ELLE. Mit einer klassischen Helvetica oder Futura, die jeder kennt und deshalb als durchschnittlich empfindet, erzielt man kaum ein Alleinstellungsmerkmal. Besser ist es, eine vorhandene Schrift als Grundlage zu nehmen, um sie dann leicht zu modifizieren. So kann man daraus eine neue, individuelle Form entstehen lassen. Ich persönlich gehe sehr gern an eine bereits existierende Schrift heran und verändere Marginalien.

Um zu testen, ob ein Titelkopf seine Funktion erfüllt, gibt es eine einfache Methode, die ich jedem Grafiker empfehle. Man sollte den Entwurf des Titelkopfes nicht nur in der gewünschten Originalgröße ausdrucken, sondern ihn auch extrem verkleinern. Wenn er bei einer Breite von etwa 1,5 Zentimetern immer noch wirkt und gut lesbar bleibt, dann ist er gelungen. Verschwimmt das Schriftbild oder ist die Typo in der Verkleinerung nicht gut zu erkennen, dann sollte dringend noch einmal nachgearbeitet werden. Der Titelkopf als Miniatur spielt darüber hinaus bei der Markenbildung eine Rolle, denn verkleinert kommt er in der Regel auch im Marketing oder im Kontext der Mediadaten zum Einsatz. Oder er erscheint auf Briefköpfen, Visitenkarten, auf Webseiten oder auch bei Apps.

Eine weitere Möglichkeit, die Wirkung eines Titelkopfes zu überprüfen, besteht darin, nur einen Ausschnitt der Typo in Originalgröße zu betrachten. Ich rate dazu, eine kleine Schablone zu basteln, die man über den Titelkopf legt,

Eine ungewöhnliche Titeltypo fällt auf und prägt sich besser ein als eine durchschnittliche Schrift

Mithilfe einer Schablone lässt sich schnell überprüfen, ob ein Titelschriftzug seine Funktion erfüllt ...

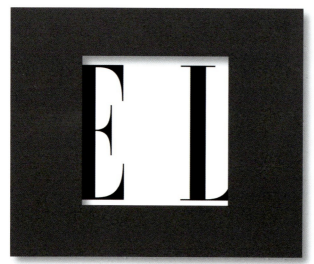

... ist der gewählte Ausschnitt signifikant, dann ist die Gestaltungsform gelungen ...

... dies gilt nicht nur für typografische Elemente, sondern auch für Signets

sodass nur noch ein kleiner Teil des Schriftzuges sichtbar bleibt. Ist dieser Ausschnitt signifikant, dann ist die Gestaltungsform gelungen. Wenn man etwa den Titelkopf der ZEIT bis auf einen Teil des Buchstabens „Z" abdeckt, wird der Titel dennoch erkannt – aufgrund der prägnanten Aussparung im Schriftduktus. Oder die Tatze von DIE TAGESZEITUNG, um ein Beispiel für einen Titelkopf mit integriertem Signet zu nennen. Selbst wenn man durch die Schablone nur ein kleines Stück des Logos und des Titelschriftzuges sieht, weiß jeder sofort, dass es sich um die TAZ handelt. Obwohl beide Titelköpfe aus dem Zeitungsbereich stammen, gilt dieser Test ebenso für Magazine.

Nichts anderes ist im Übrigen auf dem Titelumschlag dieses Buches zu sehen: zahlreiche Ausschnitte von Titelköpfen bekannter Zeitungen und Zeitschriften, die aufgrund ihrer Typografie und ihrer Farbgebung jeweils eine eigene Marke bilden. Sie sind grafisch einzigartig und am Kiosk jederzeit wiedererkennbar, selbst wenn nur ein kleiner Teil sichtbar ist. Jeder Titelkopf ist ein kleines Meisterwerk – wie in der Malerei.

„Ein Logo ist dann gut, wenn man es mit dem großen Zeh in den Sand kratzen kann"

Kurt Weidemann
Grafikdesigner und Typograf † 2011

Welche Rolle spielt die Farbigkeit beim Titelkopf?

Die Farbwelt spielt nur eine untergeordnete Rolle. Denn der Titelschriftzug muss auch ohne Farbe wirken. Kommt diese hinzu, gibt sie dem Schriftzug zwar noch mehr Kraft, bleibt aber Beiwerk. Steht der Titelkopf auf einem Ganz-Cover, dann kann die Farbe des Titelkopfes wechseln – je nachdem, wie es das Bild zulässt. Bei einem hellen Hintergrund wird man einen dunklen Schriftzug wählen, bei einem dunklen Hintergrund gegebenenfalls eine negative Schrift einsetzen. Um den Wiedererkennungseffekt einer Publikation zu erhöhen, bleibt bei einem Rahmentitel die Farbgebung meist konstant und damit auch die Typografie. Bei einem Balkentitel wiederum kann sogar das Farbfeld variieren, um Abwechslung zu schaffen – entsprechend variiert dann auch die Farbe des Magazinnamens.

FISCH & FANG

Spektrum
DER WISSENSCHAFT

FISCH & FANG schafft durch die Vergrößerung des ersten und letzten Buchstabens Raum für die Unterzeile. Der kursive Schriftschnitt ist nicht von Vorteil. Der Duktus des großen „F" und „G" wurde nicht angepasst

SPEKTRUM DER WISSENSCHAFT fängt die Unterlänge des Kleinbuchstabens „p" dadurch auf, dass die Unterzeile auf der gleichen Linie verläuft. Das Schriftbild wirkt geschlossen

DEUTSCHE JAGD ZEITUNG vergrößert geschickt den kursiv gesetzten Anfangsbuchstaben, um Teile der langen Wortmarke oberhalb und unterhalb zu integrieren. Der Duktus wurde leider nicht angeglichen. Auch die Subline im Farbfeld mit dem Icon müsste modernisiert werden

COUNTRY geht ähnlich vor wie FISCH & FANG. Der Duktus des ersten und letzten Buchstabens wurde angeglichen

Wie lässt sich die Titelunterzeile am besten integrieren?

Für die Platzierung der Titelunterzeile gibt es mehrere Möglichkeiten. Die einfachste Variante ist, wie der Name schon sagt, sie einfach unter den Schriftzug zu stellen. Die Subline kann aber genauso gut auch darüber stehen. Das bietet sich vor allem dann an, wenn man die Ober- und Unterlängen der Titeltypografie dazu nutzt, um die Unterzeile in den Titelschriftzug zu integrieren, damit sie eindeutig zur Wortmarke gehört. Wenn der Titelkopf auf einem Farbfond steht, kann die Unterzeile auch einmal außerhalb des Farbfeldes stehen. Magazine wie STERN oder DER SPIEGEL verzichten längst auf eine Subline. Beide Publikationen besitzen einen hohen Bekanntheitsgrad. DER SPIEGEL muss nicht mehr erklären, dass er ein Nachrichtenmagazin ist. Auch MAX hatte zunächst die Titelunterzeile „Ihre 14-tägliche Illustrierte" auf ein Farbfeld gestellt und in den Schriftzug integriert. Als der Bekanntheitsgrad groß genug war, befreite sich das Magazin vom Farbfeld und der Subline. Ein neues oder unbekannteres Magazin wie CUT braucht einen Zusatz wie „Leute machen Kleider", um deutlich zu machen, dass es sich um ein Modemagazin handelt, das Anleitungen und Schnittmuster zum Nähen und Schneidern enthält.

Der zweizeilige Schriftzug wird durch die beiden roten Quadrate geschlossen. Sie geben dem Titelkopf eine zusätzliche Signalwirkung

Wo sollte der Titelkopf stehen?

Bei einer gestaffelten Auslage ist folgende Platzierung des Titelkopfs von Vorteil: Er sollte auf dem Cover oben waagerecht und möglichst links gestellt werden. Auch eine Ausrichtung an der Mittelachse ist möglich, was sich etwa bei längeren Namen anbietet. Falls der Schriftzug bei zentrierter Stellung nicht die ganze Breite ausfüllt, sollte man ihn links oben noch einmal in kleinerer Typo senkrecht stellen, um das Magazin im Regal leichter zu finden. Immer häufiger wird heute – ebenfalls gestürzt – dort die Webadresse platziert. Die Zeitschrift TOMORROW wagte einmal den Versuch, die

Die Frauenzeitschrift VOGUE verwendet acht verschiedene Schriftgrößen für die Platzierung der Zusatzthemen. Das Titelbild wirkt unruhig und überladen. Die Großzügigkeit des Ganz-Covers geht verloren

Eine mutige Idee, die sich nicht durchgesetzt hat: vertikal gesetzte Buchstaben im Titelkopf

Buchstaben des Schriftzuges vertikal einzeln untereinander entlang der linken Heftkante zu setzen, um bei gestaffelter Stellung am Kiosk aufzufallen. Diese mutige Idee setzte sich allerdings nicht durch, weil das Auge die senkrechte Buchstabenabfolge nicht als Einheit erfassen kann. Der Leser ist es gewohnt, in Zeilen zu lesen, die nun einmal waagerecht verlaufen. Untereinander gestellte Buchstaben werden immer einzeln wahrgenommen und sind deshalb schlecht lesbar. Abgesehen davon, hängt die präzise Platzierung des Titelkopfes auch vom Heftformat ab. Die Maße einer Publikation sollten dem Grafiker selbstverständlich bekannt sein, bevor er beginnt, einen Titelkopf zu kreieren.

GANZ-COVER-TITEL

Das Ganz-Cover ist der Klassiker der Titelgestaltung. Ihn sieht man am häufigsten an den Kiosken. Magazine wie BUNTE, STERN oder FOCUS und zahlreiche Frauen- und Modezeitschriften wie VOGUE oder COSMOPOLITAN verwenden ihn. Beim Ganz-Cover-Titel geht das gesamte Bild, egal ob es sich um ein Foto oder eine Illustration handelt, aus dem Beschnitt.
Der Vorteil: Das Ganz-Cover wirkt großzügig, füllt das Format aus und lässt dem Bild Raum. Deswegen wird es häufig gewählt, obwohl seine Gestaltung sehr anspruchsvoll ist. Der Nachteil besteht vor allem darin, dass der gesamte Text auf dem Bildmotiv untergebracht werden muss: der Titelkopf, die Schlagzeile sowie weitere Zusatzthemen. Das bedeutet, dass der Bildausschnitt gekonnt ausgewählt und platziert werden muss, um auch Informationen wie Preis, Heftnummer oder Barcode gut lesbar unterzubringen. Besitzt das Bildmaterial beispielsweise einen unruhigen Hintergrund, wird es für den Gestalter schwierig. Er benötigt sehr gute Fotos, um einen wirkungsvollen Ganz-Cover-Titel zu bauen. Entweder greift der Grafiker auf Agenturbilder zurück oder gibt ein Titelmotiv in Auftrag, wenn es das Budget des Verlags zulässt. Dann sollte der Fotograf vor dem Shooting genau gebrieft werden, um zu erfahren, in welchen Bereichen des Bildmotivs später Typografie stehen wird.

Abgebildete Personen müssen nicht immer direkt den Betrachter anschauen. Geht die Blickrichtung nach rechts, animiert sie den Leser dazu, in das Magazin hineinzublättern. Witzig ist die Variante, bei der der Affe nach oben blickt in Richtung Titelkopf

Das Bild auf dem Cover muss dem Auge einen gezielten Schwerpunkt bieten. Hervorragendes Fotomaterial ist das eine – daraus einen spannenden Ausschnitt zu wählen, das andere. Generell gilt: Auf jede unwichtige Bildinformation sollte verzichtet werden. Das Porträt von Doris Schröder-Köpf zum Beispiel ist grandios fotografiert und gezoomt. Das STERN-Cover wirkt wie ein kleines Plakat, das auch auf eine Entfernung von fünf Metern beeindruckt. Ähnlich verhält es sich mit dem Porträt von Ulrich Mühe. Modezeitschriften arbeiten häufig mit dem direkten Blickkontakt zum Leser.

Doris Schröder Köpf und Ulrich Mühe hingegen blicken nicht direkt in die Kamera. Das muss auch nicht sein. Die Blickrichtung kann – sehr gut sogar – nach rechts gehen, weil das Bild den Leser dazu animiert, in das Magazin hineinzublättern zu wollen. Ein köstliches Beispiel für das Spiel mit der Blickrichtung ist das STERN-Motiv mit dem Affen, der auf den Titelschriftzug blickt. Ob Mensch oder Tier: Der Blick sollte möglichst nicht nach links ausgerichtet sein.

Da hilft es auch nicht, die Blickrichtung einer abgebildeten Person durch Spiegeln zu wechseln. Man darf keine Menschen kontern, schon gar nicht Persönlichkeiten des öffentlichen Lebens. Es verändert den Ausdruck einer Person, weil jeder Mensch zwei unterschiedliche Gesichtshälften hat. Am Beispiel der verschiedenen Titelbilder, die das gleiche Porträt von Lady Diana zeigen, kann man den Unterschied sehen (vergleiche folgende Doppelseite). Vorsicht ist geboten: Es kommt nicht selten vor, dass Prominente juristisch gegen einen Verlag vorgehen, weil das Kontern die Persönlichkeitsrechte der abgebildeten Menschen verletzt.

Eine weitere Grundregel lautet: Man sollte keine mächtigen Schriften auf den Kopf einer abgebildeten Person setzen. Wenn ein Magazin neu am Markt erscheint, ist es ratsam, zunächst den Titelschriftzug nicht zu überdecken. Er sollte bei den ersten drei Ausgaben frei stehen. Ab einem bestimmten Bekanntheitsgrad ist es jedoch problemlos möglich, Teile des Titelkopfes zu überlappen. Das Porträt von Ulrich Mühe deckt den Titelschriftzug des STERN fast vollständig ab. Das Logo allein reicht als Erkennungsmerkmal aus. Gleichzeitig

Keinesfalls sollte die Blickrichtung nach links gehen, wie bei BKK SERVICE. Es lädt nicht dazu ein, das Magazin aufzuschlagen

WELCHES BILDMOTIV IST VERKEHRT?

Acht Cover – acht Mal Lady Diana: Alle Publikationen haben das gleiche Bildmotiv gewählt. Nur bei dem Magazin INTIMITA wurde das Porträt gespiegelt

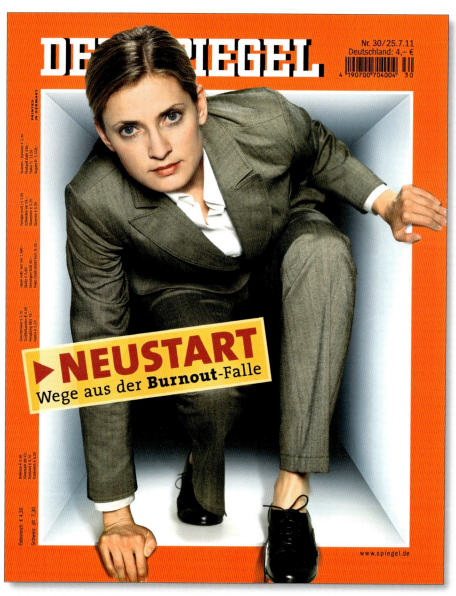

Rahmentitel geben dem Gestalter die Möglichkeit, eine Tiefenwirkung zu erzielen. Teile des Bildmotivs werden über die Farbfläche des Rahmens gesetzt. Die Wirkung ist enorm: Das Covermodel scheint aus dem Heft herauszusteigen und auf den Betrachter zuzugehen entsteht eine Tiefenwirkung, das Bildmotiv tritt in den Vordergrund und erscheint plastisch, fast dreidimensional. Im umgekehrten Fall dominiert der Titelkopf das Bildmotiv, die Person rückt durch die Schrift in den Hintergrund, wie man an einer Ausgabe von 11 FREUNDE gut sehen kann. Selbst diesem exzellenten und mehrfach prämierten Fußballmagazin unterlaufen manchmal Fehler: Kevin-Prince Boateng steht in diesem Fall nicht im Vordergrund, seine auffällige Frisur wird vom Titelschriftzug abgedeckt. Zusätzlich verläuft die Schlagzeile über das Kinn des Fußballspielers. Dies ist einer der wenigen Titel von 11 FREUNDE, der leider nicht geglückt ist.

RAHMENTITEL

Im Gegensatz zum Ganz-Cover-Titel wird hier das Bildmotiv eingerahmt. Das bekannteste Beispiel ist DER SPIEGEL, dessen Rahmen übrigens mein Vater Eberhard Wachsmuth, der jahrzehntelang dort als Titelchef tätig war, eingeführt hat.

Eines der wenigen nicht optimal gestalteten Cover von 11 FREUNDE: Der Titelschriftzug und die Schlagzeile überdecken zu sehr markante Partien des Porträts von Boateng

Er sagte damals, er wolle nicht immer nur Köpfe auf dem Cover abbilden, sondern auch politische Themen mit Illustrationen umsetzen. Da er Maler war, kam er auf die Idee, den Rahmen wie ein Passepartout einzusetzen. Die Bildwirkung ist dadurch eine andere als beim Ganz-Cover-Titel. Auch hier lässt sich mit dem Rahmen eine Tiefenwirkung erzielen, indem man Teile des Bildmotivs über den Rand setzt. Das Covermodel der „Burnout"-Ausgabe steigt regelrecht aus dem Rahmen – der plastische Effekt ist enorm. Ein weiterer Vorteil: Der Titelkopf steht auf einer ruhigen Hintergrundfläche, die Schrift bleibt gut lesbar. Gleichzeitig wirkt das Bild für sich. Entscheidet man sich für einen Rahmentitel, sollte man die Farbe des Rahmens möglichst nicht wechseln. Das Orangerot bei DER SPIEGEL betont das USP und besitzt darüber hinaus eine große Signalwirkung. Selbst wenn DER SPIEGEL in einem Stapel von Zeitschriften liegt, sodass das Cover nicht zu sehen ist, wird man das Magazin sofort erkennen und finden. Auch bei gestaffelter Auslage setzt der farbige Rahmen immer ein Signal.

Balkentitel sind einfach zu bauen, dennoch passieren Fehler: Links: Die große Typo steht zu nah am Titelkopf. Rechts: Die Schrift des Titelthemas überdeckt sowohl das Bildmotiv als auch die in den Balken gesetzten Zusatzthemen

Der FOCUS arbeitet eigentlich mit Ganz-Cover-Titeln. Da der Titelkopf aber auf einem roten Farbfeld steht, wirkt das Cover wie eine Art Balkentitel. Der Vorteil: Die Titeltypo steht stabil, das Rot hat eine starke Signalwirkung. Der Nachteil hier: Der Titelkopf überdeckt das Bildmotiv. Zudem steht die Headline zu nah an der Gesichtspartie

BALKENTITEL

Bei einem Balkentitel hingegen setzt der Gestalter eine weiße oder farbige Fläche oberhalb des Bildmotivs, die bis zu einem Drittel oder gar die Hälfte des gesamten Covers einnehmen kann. Die Blattmacher des Wirtschaftsmagazins BRAND EINS waren die Ersten, die in den späten 1990er Jahren diesen enorm breiten Balkentitel erfunden und ihn erstmals erfolgreich am Kiosk platziert haben. Auf der großen Farbfläche ist nicht nur Raum für den Titelkopf, sondern auch für mehrere Zusatzthemen. Die Schrift steht immer auf ruhigem Hintergrund, das Motiv ist von allzu viel Typografie befreit. Die Trennung von Bild und Text lässt den Titel aufgeräumter und klarer erscheinen.

Der Schriftzug von BRAND EINS erzeugt aufgrund der durchschnittlichen Typografie wenig Signalwirkung. Dennoch fiel das Wirtschaftsmagazin durch den breiten Balken am Kiosk auf, der anfangs meist in Leuchtfarben gesetzt war. Als BRAND EINS startete, kannte keiner die Zeitschrift – und dennoch griffen Leser danach, weil die Titelanmutung neu war. Kein anderer Verlag hatte es zuvor gewagt, den oberen Balken so extrem zu verbreitern. Ein echter Hingucker.

Die Gestaltung eines Balkentitels ist – im Gegensatz zum Ganz-Cover – bedeutend einfacher. Sie ist simpel, aber gut. Dies ist vermutlich auch der Grund, warum die Titeloptik von BRAND EINS schnell viele Nachahmer fand. Zahlreiche Fach- und Kundenmagazine wählten eine ähnliche Optik, unter anderem auch, weil man den Balken wie auch den Rahmen mit weniger spektakulärem Bildmaterial umsetzen kann – im Gegensatz zum Ganz-Cover-Titel.

Eine weitere Variante besteht darin, den Titelkopf auf ein Farbfeld zu stellen, wie beim FOCUS, der mit einem Ganz-Cover-Titel arbeitet. Der Vorteil: Die Typo steht auf einer ruhigen Farbfläche gut, die zusätzlich eine Signalwirkung gibt. Der Nachteil: Das Farbfeld lässt sich schwer in die Bildwelt integrieren. Es kann beim Ganz-Cover häufig eine größere Fläche des Bildmotivs abdecken, sodass man bei der Bildauswahl eingeschränkt ist. Das muss der Gestalter berücksichtigen. Dennoch ist es ein wirksamer Trick, um zu vermeiden, dass der Hintergrund des Bildmotivs Probleme beim Setzen der Typografie macht.

Das Wirtschaftsmagazin BRAND EINS hat den extrem breiten Balken sukzessive aufgelöst. Bei der Ausgabe aus dem Jahr 2005 (links) ist die Anmutung noch vorhanden, ein Heft von 2008 (rechts) hingegen tendiert zum Ganz-Cover
Auch NEON geht inzwischen ähnlich vor (unten)

Das Magazin NEON, das sich an eine jüngere Zielgruppe richtet, hat in seinen Anfängen ebenfalls mit einem sehr breiten Balken gearbeitet und diesen mit einem schmalen Rahmen kombiniert. Das Bild nahm nur noch maximal die Hälfte des Covers ein. Auch das mehrfach mit dem Lead Award prämierte Magazin 032c ist ähnlich wie NEON gestaltet. Zudem eignet sich der Balkentitel für Publikationen mit langem Namen wie etwa BILD DER WISSENSCHAFT, übrigens einer der wenigen Titelköpfe, die zwei Zeilen benötigen.

Im Vergleich zum Rahmentitel kann man beim Balkentitel die Farbe wechseln. Es gibt die Möglichkeit, in der Farbgebung zu variieren, um dem Leser zu signalisieren, dass es sich um eine neue Ausgabe handelt und er etwas anderes bekommt als im Vormonat. Doch der Balkentitel hat auch Nachteile: Die einzelnen Ausgaben ähneln sich mit der Zeit zu sehr. Auf Dauer können Balkentitel langweilig werden, weil die Farbwelt irgendwann erschöpft ist, und die Variationsmöglichkeiten eingeschränkt sind.

Mehrfach mit dem Lead Award prämiert: Das Magazin 032c kombiniert konsequent den breiten Balken mit einem schmalen Rahmen

Nicht umsonst variieren BRAND EINS und NEON inzwischen ihre Gestaltungsformen. BRAND EINS hat sich nach Jahren von dem breiten Balken befreit. Zuerst kam ein Rahmen dazu, inzwischen hat der Verlag weitgehend auf Ganz-Cover umgestellt. NEON hat in der Ausgabe 10/2008 ein Ganz-Cover mit einem Bild gestaltet, das eine Person zeigt, die durch den Spalt einer Holzwand blickt. Zu sehen ist lediglich ein schmaler diagonal verlaufender Streifen, der die Fingerkuppen und das Augenpaar zeigt. Ein gelungenes Motiv, das sich ideal für ein Ganz-Cover eignet. NEON spielt gern mit überraschenden Bildelementen, um den strengen Gestaltungsrahmen zu durchbrechen. Damit sorgt das Magazin regelmäßig für Aufmerksamkeit am Kiosk, das besonders bei der jungen Zielgruppe gut ankommt.

Mittlerweile wechseln beide Publikationen zwischen Ganz-Cover und Rahmen, je nach Thematik. DER SPIEGEL hat seinen Rahmen bis heute beibehalten, ELLE oder der STERN bleiben beim Ganz-Cover. Denn beim Spiel mit wechselnden Gestaltungsformen besteht immer die Gefahr, den Leser zu sehr zu irritieren. Er sucht und liebt das Vertraute.

Multi-Picture-Cover sind zum Jahreswechsel besonders beliebt.
Diese Montage ergibt allerdings keine gelungene Bildkomposition in der Sternform

WEITERE TITELVARIATIONEN

Im Bereich der Titeloptik gibt es einige Spielarten, die sowohl beim Ganz-Cover als auch beim Rahmen- oder Balkentitel Anwendung finden. Dazu zählen Multi-Picture-, Typografie- und Illustrationstitel.

Beim Multi-Picture-Titel werden im Idealfall mehrere Bildmotive so zueinander gestellt, dass daraus ein neues Ganzes entsteht. Diese Form der Bildmontage ist äußerst anspruchsvoll und erfordert künstlerisches Können. Nimmt man beispielsweise eine große Anzahl von Porträtfotos, dann sollten die Köpfe der abgebildeten Personen möglichst im gleichen Größenverhältnis stehen. Auch die Kameraperspektive der Bilder sollte einheitlich sein. Wenn ein Bild in der Totalen neben einem Close-up steht, ist es für das menschliche Auge zu anstrengend, aus der Ferne in die Nähe zu zoomen oder umgekehrt. Ist das der Fall, empfindet der Leser das Cover als extrem unausgewogen, wie in der STERN-Ausgabe zum Thema „Was wäre, wenn ..." zu sehen ist.

Porträtfotos, die im Größenverhältnis nicht zueinander passen, machen ein Multi-Picture-Cover extrem unruhig

Besonders zum Jahreswechsel bringen viele Verlage bevorzugt Ausgaben heraus, die wichtige Ereignisse der zurückliegenden zwölf Monate dokumentieren. Dabei wird versucht, Fotos von Umweltkatastrophen, Weltrekorden oder wichtigen Persönlichkeiten auf dem Titel zusammenzustellen. In den seltensten Fällen gelingt eine solche Bildmontage, weil die Motive optisch nicht miteinander harmonieren.

Außerdem ist es fast unmöglich, mit vielen Bildern einen Schwerpunkt zu erzielen, an dem das Auge hängen bleibt. Multi-Picture-Titel haben meist keinen Fokus. Deshalb wird häufig eine signalkräftige Schlagzeile gewählt, um über die Typografie einen Eyecatcher zu setzen. Manchmal wird das Titelthema auch auf eine Farbfläche gesetzt, damit die Headline sicher steht. Die vielen Bilder treten dann lediglich in den Hintergrund.

Ein positives Beispiel für ein gelungenes Multi-Picture-Cover ist eine Ausgabe von MAX, bei der allerdings nicht mit Fotomotiven, sondern mit Illustrationen gearbeitet wurde. Das Cover „Erotic Moments" setzt die Thematik amüsant und

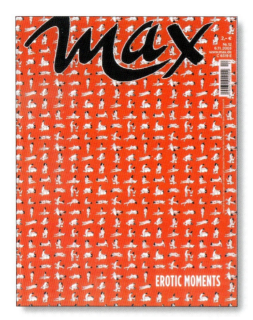

Der Zeitschrift MAX ist vor Jahren ein besonderer Multi-Picture-Titel gelungen. Der mit vielen kleinen Illustrationen gestaltete Titel setzt das Thema Sex und Erotik hervorragend um. Der STERN hat später diese Idee kopiert, allerdings nicht so geschmackvoll wie das MAX-Original. Eine weitere stilvolle Umsetzung des Themas stammt vom SPIEGEL

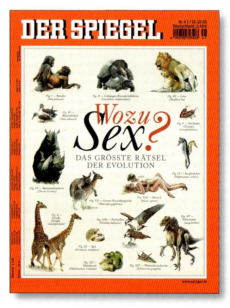

geschmackvoll um. Das Cover ist wie eine Tapete gestaltet und hat eigentlich keinen Schwerpunkt, aber es wirkt durch die Signalfarbe Rot. Die Headline rechts unten ist geschickt integriert. Der Leser wird schon von weitem neugierig und will die kleinen Motive gern genauer betrachten. Einige Jahre später hat der STERN diese Cover-Idee von MAX kopiert – jedoch lange nicht so gut wie MAX seinerzeit, was nicht zuletzt an der Qualität der Zeichnungen liegt. Das STERN-Cover wirkt platt und leicht schlüpfrig.

Ein Multi-Picture-Titel, der aus der Ferne betrachtet ein neues Bild ergibt, ist noch schwieriger zu gestalten, weil man die Bilder so gekonnt zusammenstellen muss, dass sich daraus eine Gesamteinheit ergibt. Die Herstellung eines Multi-Picture-Covers ist ein mühsamer Prozess, der viel Zeit und hohe Ansprüche an den Grafiker stellt – und sich deshalb häufig im hektischen Redaktionsalltag nicht realisieren lässt. Zudem eignen sich nicht viele Thematiken dazu, mit Multi-Picture umgesetzt zu werden. Es gibt also zwei gute Gründe, warum man diese Titelform nur sehr selten an Kiosken sieht.

Die Porträtfotos stehen im Verhältnis gut zueinander. Die Kreisform für das Farbfeld mit der Typo ist hingegen ungünstig, eine rechteckige Form hätte sich angeboten

Das Gleiche gilt für den reinen Typografietitel, der mindestens genauso schwierig zu gestalten ist wie eine Bildkomposition. Häufig hat man den Eindruck, dass sich Redakteure und Grafiker für einen Typografietitel entschieden haben, weil ihnen nichts Besseres eingefallen ist. Blattmacher von Wirtschaftsmagazinen neigen dazu, Themen, die schwer zu bebildern sind, mit einem Typotitel zu lösen wie etwa „Die 100 besten Steuertipps". Ähnliches gilt für Jubiläumsausgaben von Zeitschriften, die beispielsweise ihr 50-jähriges Bestehen feiern. Das Ergebnis ist meist wenig überraschend: Die Zahl steht groß auf dem Cover, die Typografie ist inhaltlich nicht aussagekräftig.

Doch genau dies muss ein Typografietitel erfüllen. Dabei sollte man mit der Schrift so gekonnt umgehen, dass eine eigene Bildinformation entsteht. Der SPIEGEL-Titel „Die große Rentenreform" aus dem Jahr 2001 platziert zum einen die Buchstaben perfekt auf dem Cover, zum anderen transportiert der Typotitel eine eindeutige Kritik an der damaligen Politik. Doch auch hier ist zu beachten: Nur wenige Themen

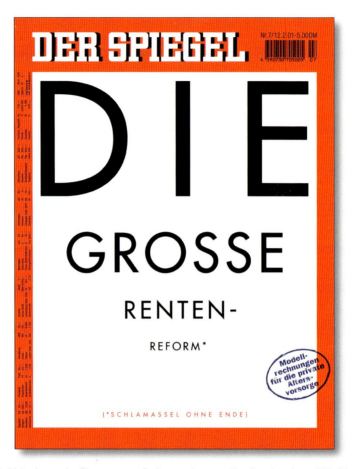

Der Titel (oben) setzt das Thema typografisch um und erzeugt überdies eine eigene Bildwirkung im Gegensatz zu den unten abgebildeten Covern, deren Typo bildlich wenig aussagt

eignen sich für diese Titelform, deswegen findet man den reinen Typotitel – ähnlich wie Multi-Picture – nur vereinzelt am Kiosk.

Die Realisation von Illustrationstiteln ist deutlich teurer als ein Typotitel. Dennoch sind sie nicht nur im Magazinbereich, sondern auch in Wochenzeitungen wie DIE ZEIT und der FRANKFURTER ALLGEMEINEN SONNTAGSZEITUNG wieder beliebt. Auch im Innenlayout von Magazinen findet man sie häufiger. Die Illustration ist eine gute Alternative zum Fotomotiv, weil sie viel mehr Ausdrucksmöglichkeiten bietet. Man kann satirische, originelle, überraschende Titeloptiken erzielen, sofern man gute Illustratoren beschäftigt. Die Bildsprache ist emotional, abwechslungsreich und unverwechselbar.

DER SPIEGEL, der sich im Laufe der Jahrzehnte mit hervorragenden Illustrationstiteln profiliert hat, kann es sich leisten, mit exzellenten Zeichnern zusammenzuarbeiten. Die Qualität und das Niveau der Illustrationen sind bei dieser Titelvariante von entscheidender Bedeutung. Auch andere Publikationen sorgen mit guten Illustrationstiteln für Aufmerksamkeit. Einen besonderen Coup hat das SÜDDEUTSCHE ZEITUNG MAGAZIN in Kooperation mit dem ZEIT MAGAZIN gelandet. Auf beiden Covern sind bei gleichlautender Headline „Was macht die Konkurrenz?" zwei Comicagenten aus dem Satiremagazin MAD zu sehen. Ein schwarzer und ein weißer Spion halten jeweils das Heft des Konkurrenten in den Händen (siehe nachfolgende Doppelseite).

HINWEIS

Typotitel eignen sich nur für wenige Thematiken. Dafür sind sie preiswert zu realisieren – im Gegensatz zu Illustrationen. Gute Zeichner zu beschäftigen, kostet meist mehr Geld.

UMSETZUNGSIDEE

Clevere Idee ist auch das Stichwort für den sogenannten Umsetzungstitel. Er kommt ebenfalls in allen Gestaltungsformen vor und ist journalistisch hochinteressant. Die Herausforderung besteht darin, eine Bildsprache zu finden, die eine Titelthematik nicht 1:1 abbildet, sondern optisch möglichst originell und überraschend umsetzt. Daher kommt auch der Name. Das Prinzip lässt sich am einfachsten wie

Ein redaktionsübergreifendes Projekt, das die Chefredakteure vom SÜDDEUTSCHE ZEITUNG MAGAZIN und ZEIT MAGAZIN im Dezember 2012 gemeinsam realisiert haben – nach dem Motto: Die Konkurrenz belebt das Geschäft

Beide Publikationen haben auf die Comic-Geheimagenten aus dem Satiremagazin MAD zurückgegriffen – und es intelligent und witzig variiert. Ein schwarzer und ein weißer Spion halten jeweils das Heft des Konkurrenten in den Händen

Provokant und gekonnt: DER SPIEGEL ist bekannt für starke Umsetzungstitel. In den 1970er Jahren hat der Titel „Urlaubsland Italien" sogar für politische Verstimmung gesorgt. „Luxus Benzin" setzt ein Flakon teuren Parfüms in einen anderen Kontext – mit überraschender Wirkung

Der STERN setzt gelegentlich Themen mit orginellen Bildmotiven um. Bei der WIRTSCHAFTSWOCHE ist dies eher die Ausnahme

folgt erklären: Für das Titelthema „Benzin wird immer teurer" könnte man als Bildmotiv eine Tankstelle samt Preistafel wählen. Solch ein Titelmotiv wäre wenig überraschend und würde nicht unbedingt zum Kauf animieren. Nimmt man jedoch den Flakon eines teuren Parfüms und montiert auf dem Etikett einen neuen Text, dann ist eine Umsetzungsidee entstanden. DER SPIEGEL hat mit dem Cover „Luxus Benzin" das Thema provokant und gekonnt umgesetzt. Das parodistisch umgetextete Etikett „No.1 Cartell Opec Benzin" aus „No.5 Chanel Paris" hat eine außergewöhnlich starke Wirkung. Form und Optik der Chanel-Flasche ist allgemein bekannt. Dieses Objekt in einen anderen Kontext zu stellen und ihn neu mit Bedeutung zu füllen, macht den Reiz des Covers aus. Der Leser am Kiosk stutzt unwillkürlich. Bild- und Textaussage machen neugierig.

> *„Ein gezeichnetes Bild aber kann, wenn es gut gemacht ist, mehr sagen als eine Fotografie. Es kann zuspitzen, überhöhen, verschärfen, auch abstraktere Zusammenhänge pointiert darstellen, es liefert also womöglich das stärkere Bild"*
>
> Eberhard Wachsmuth, † 2006
> SPIEGEL-Titelchef (1954–1983)

Keine andere Titelform kann so hohe Wellen in der Öffentlichkeit schlagen wie eine gute Umsetzungsidee. Ein SPIEGEL-Titel aus dem Jahr 1977, ebenfalls von meinem Vater Eberhard Wachsmuth gestaltet, hat sogar zu diplomatischen Verstimmungen geführt. „Urlaubsland Italien" war damals das Titelthema – seine Umsetzung eine Provokation: Zu sehen ist ein Teller Spaghetti, auf dem eine Pistole liegt. In den späten 1970er Jahren galt diese Bildaussage als Affront. Die italienische Presse tobte und reagierte im Gegenzug mit einem Titelmotiv auf einer italienischen Zeitschrift. Darauf war eine Handgranate in einem Berg Sauerkraut zu sehen.

Selbstverständlich gibt es auch Umsetzungstitel, die nicht ganz so spektakulär wirken und dennoch gut funktionieren. Häufig bieten sie sich bei abstrakten oder komplexen Themen an, die man optisch verdichten muss, um die Kernaussage des Titelthemas zu treffen. Dazu eignen sich im Übrigen nicht nur Fotomotive oder Fotomontagen, sondern auch Illustrationen. Die WIRTSCHAFTSWOCHE hat in der Ausgabe „Die neue Versuchung" die Abbildung eines iPads mit einer Illustration kombiniert.

Preiswert und wirkungsvoll: So kann man mit geringem Kostenaufwand und einer guten Idee ein Titelthema umsetzen. Weniger ist manchmal mehr

Wie baut man einen guten Titel mit wenig Budget?

Umsetzungstitel müssen nicht teuer sein – und können dennoch gute Cover sein. Manchmal genügt eine simple Idee, die sich mit wenig Budget realisieren lässt. Der STERN bildete zum Thema „Warum wir immer mehr arbeiten" schlicht eine Möhre ab – als Köder. Der Titel hat einen klaren Schwerpunkt und ist auf das Wesentliche reduziert. Dieses einfache und preiswerte Prinzip kann man beliebig variieren. Wenn es die Thematik erlaubt, zeigt man beispielsweise eine Tomate oder eine Erdbeere. Diese kann man sogar selbst fotografieren. Eine einzelne Erdbeere in Großaufnahme ist oft wirkungsvoller als ein ganzer Erdbeerkorb. Die Kunst besteht darin, alles wegzulassen, was nicht von Interesse ist. Das Bild sollte auf ein Minimum reduziert sein – mit einer großen Frucht allein erzielt man beim Leser einen Überraschungseffekt. Weniger ist mehr.

DER SPIEGEL setzte einmal ein abnehmbares Hologramm auf den Titel. Das ist heutzutage nicht mehr sehr kostenaufwendig, aber wirkungsvoll. Je nach Perspektive wechselt das Motiv: Einmal ist Angela Merkel zu sehen, dann Frank-Walter Steinmeier. Das Cover ist übrigens ein gutes Beispiel für einen gelungenen Umsetzungstitel aus der Zeit des Bundestagswahlkampfes 2009. Auch andere Veredelungsarten wie partielle Lackierungen oder Sonderfarben auf dem Cover sind inzwischen in überschaubarem Kostenrahmen zu realisieren.

Effektvoll: Mithilfe eines Hologramms wechselt je nach Perspektive das Bildmotiv

Wie verhält es sich mit Freistellern?

Freigestellte Fotografien sind eine gute Möglichkeit, um sich von der Bilderflut abzuheben. Sie wirken häufig überraschend, sofern sie sauber freigestellt wurden. Heutzutage sind die technischen Möglichkeiten mit entsprechenden Bildbearbeitungsprogrammen ausgereifter als früher. Dennoch muss man bei Fotografien von Tieren oder Menschen

Das Freistellen von Fotografien erfordert ein sauberes und exaktes Arbeiten, besonders bei Tiermotiven, um die feine Kontur des Fells zu erhalten. DOGS fotografiert meist die Hunde vor farbigen Hintergründen, um Freisteller zu vermeiden

darauf achten, dass an Fell beziehungsweise an der Frisur exakt gearbeitet wird. Da Freisteller auf einer weißen oder farbigen Fläche stehen, sollte man sie nicht genau zentriert, sondern immer etwas höher platzieren. Es verhält sich ähnlich einem Gemälde mit Passepartout: Man hat zufällig vor ein paar hundert Jahren festgestellt, dass bei gleichem Abstand der Ränder die Illusion entsteht, der untere Rand sei schmaler. Seitdem wird dieser immer etwas breiter gesetzt als der obere. Bei Freistellern sollte man genauso verfahren. Außerdem empfiehlt es sich, dem freigestellten Objekt durch einen Schatten, eine Spiegelung oder mit einer Horizontlinie optischen Halt zu geben. Denkbar ist auch ein angedeuteter Hintergrundverlauf oder eine Horizontlinie.

Wie sind Schwarz-Weiß-Bilder einzusetzen?

Ich persönlich bin ein großer Fan der Schwarz-Weiß-Anmutung. Angesichts der bunten Farbwelt an den Kiosken müssten Schwarz-Weiß-Cover eigentlich auffallen und sich deshalb gut verkaufen. Dennoch findet man sie nur sehr selten. Es gab in der Vergangenheit immer wieder Versuche, Schwarz-Weiß-Motive auf den Markt zu bringen, allerdings mit wenig Erfolg. Offensichtlich entsprechen sie nicht den Lesegewohnheiten. Meiner Meinung nach fehlt in den Verlagen der Mut dazu. Dabei eignen sie sich sehr gut für Porträts, da die abgebildete Person meist vorteilhafter

aussieht als in Farbe. Da das Schwarz-Weiß-Cover selbst eine geringe Signalwirkung hat, spielt die Typo der Schlagzeile und/oder des Titelkopfes eine wichtige Rolle. Ist diese farbig, erzielt man darüber einen Eyecatcher, wie man an hochwertigen Magazinen wie INTERVIEW oder dem Schweizer Monatsmagazin DU sehen kann. Beide Publikationen bringen in unregelmäßigen Abständen beeindruckende Schwarz-Weiß-Motive heraus. In der Publikumspresse scheinen sie sich jedoch nicht durchzusetzen. Leider.

Die APOTHEKEN UMSCHAU hat trotz Werbeumhefter gerade noch ausreichend viel Bildinformation auf der rechten Hälfte platziert. Bei WIRTSCHAFT (unten) ist die Bildstellung festgelegt. Durch den Umhefter geht jedoch jegliche Bildinformation verloren, lediglich die typografische Information bleibt erhalten

Wie gestaltet man ein Cover mit Umhefter?

Der Umhefter, auch Flappe oder Flying Page genannt, ist in auflageschwachen Zeiten wieder im Kommen, um am Kiosk ein zusätzliches Signal zu setzen. Manche Umhefter verkaufen redaktionelle Inhalte und bieten auf der Innen- und Rückseite Raum für zusätzliche Anzeigen, andere Umhefter sind reine Werbemittel. Diese sind besonders tückisch, weil der Anzeigenkunde oder die Werbeagentur, die Umhefter buchen, bewusst eine andere Bildwelt setzen wollen. Sie wirken als Störer. Der Grafiker kann diese Optik nicht beeinflussen.

Die Breite eines Umhefters liegt in der Regel bei acht Zentimetern, manchmal nimmt er sogar die gesamte linke Hälfte des Covers ein. In diesem Fall ist es sehr schwierig für den Grafiker, ein passendes Titelmotiv zu finden, das seine Wirkung dennoch erzielen kann. Schließlich steht für die Titelgestaltung nur noch ein schmaler Streifen zur Verfügung. Der Spielraum ist also sehr begrenzt. Man kann lediglich versuchen, das Hauptmotiv oder das Titelthema nach rechts zu stellen, wie es der FOCUS allerdings mit einem vorgetäuschten Umhefter gelöst hat.

Arbeitet man mit dem gleichen Bildmotiv auf dem Cover und dem Umhefter, muss man darauf achten, welchen Ausschnitt man wählt und wie man das Bildmotiv platziert. Bei einer Ausgabe von ELTERN ist zu sehen, dass der rechte Rand des Umhefters direkt durch das Gesicht des Babys verläuft.

Umhefter sind für Grafiker immer eine Herausforderung: Bei ELTERN ist die Realisierung nicht gelungen. Der FOCUS hat einen weißen Balken gesetzt, der die Anmutung eines Umhefters erzeugt

Hinzu kommt eine weitere Problematik: Umhefter werden separat gedruckt und anschließend über die Umschlagseite geheftet oder in die Klebebindung integriert. Das bedeutet für den Grafiker, dass er den Titelschriftzug teilen muss, um ihn passgerecht auf den Umhefter platzieren zu können. Durch den separaten Druck und die anschließende Bindung des Heftes kann sich das Motiv des Umhefters unter Umständen um einige Millimeter verschieben. Ein unschöner optischer Übergang kann entstehen. Auf dem Cover wird der Titelkopf wie gewohnt im Ganzen abgebildet, denn der Umhefter wird nach dem Kauf meist abgenommen.

In den vergangenen zehn Jahren hat sich die Titelgestaltung von WEINWELT stark verändert. Inzwischen wurden einige Schwachstellen deutlich verbessert

TEST

Was ist nicht gelungen?

☐ 1. Titelschriftzug
☐ 2. Stellung der Subline
☐ 3. Platzierung des Titelthemas
☐ 4. Stand der Zusatzthemen
☐ 5. Einsatz der Typografie
☐ 6. Bildeinsatz
☐ 7. Ausschnitt des Titelbildes
☐ 8. Zusatzinformationen
☐ 9. Kioskgerechte Gestaltung

AUFLÖSUNG: 1. Typografiewechsel im Titelschriftzug 2. Die Subline im Farbbalken steht zu eng am Titelschriftzug 3. Kapitälchen und Stand der Titelzeilen sind schlecht gewählt 4. Zusatzthemen sind uneinheitlich und heben sich zum Teil nicht ab 6. Schlechte Bildumsetzung 8. Kleine Bilder haben wenig Informationsgehalt 9. Das Booklet bildet den einzigen Schwerpunkt

TEST

Was ist nicht gelungen?

☐ 1. Titelschriftzug
☐ 2. Stellung der Subline
☐ 3. Platzierung des Titelthemas
☐ 4. Stand der Zusatzthemen
☐ 5. Einsatz der Typografie
☐ 6. Bildeinsatz
☐ 7. Ausschnitt des Titelbildes
☐ 8. Zusatzinformationen
☐ 9. Kioskgerechte Gestaltung

AUFLÖSUNG: 1. Im Titelschriftzug wurden Versalien mit Minuskeln kombiniert **2.** Es fehlt eine Subline **5.** Der enge Schriftschnitt steht auf dem unruhigen Hintergrund schlecht **6.** Unklare Bildumsetzung, die visuell nicht reizvoll ist **7.** Das Bildmotiv eignet sich nicht für einen Rahmentitel mit runden Ecken

Trotz extremer Überarbeitung des Covers hat sich DESIGN REPORT nicht unbedingt zum Besseren gewandelt

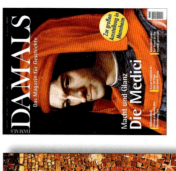

Abgesehen von der Leiste für die Zusatzthemen hat sich der Charakter von DAMALS kaum verändert

TEST

Was ist nicht gelungen?

☐ 1. Titelschriftzug
☐ 2. Stellung der Subline
☐ 3. Platzierung des Titelthemas
☐ 4. Stand der Zusatzthemen
☐ 5. Einsatz der Typografie
☐ 6. Bildeinsatz
☐ 7. Ausschnitt des Titelbildes
☐ 8. Zusatzinformationen
☐ 9. Kioskgerechte Gestaltung

AUFLÖSUNG: 1. Feine Serifen eignen sich nicht für einen Titelschriftzug auf unruhigem Hintergrund 2. Die Subline ist unlesbar 5. Die Typografie der Themen ist auf diesem unruhigen Hintergrund falsch gewählt 6. Ein Mosaikbild eignet sich nicht für ein Cover 8. Die kleinen Zusatzbilder machen den Titel noch unruhiger 9. Das Cover erzielt keine Signalwirkung

TEST

Was ist nicht gelungen?

☐ 1. Titelschriftzug
☐ 2. Stellung der Subline
☐ 3. Platzierung des Titelthemas
☐ 4. Stand der Zusatzthemen
☐ 5. Einsatz der Typografie
☐ 6. Bildeinsatz
☐ 7. Ausschnitt des Titelbildes
☐ 8. Zusatzinformationen
☐ 9. Kioskgerechte Gestaltung

AUFLÖSUNG: **1.** Die Typografie des Titelschriftzuges steht schlecht auf diffusem Hintergrund **2.** Die Subline ist kaum lesbar **3.** Das Titelthema verdeckt einen Teil des Bildschwerpunktes **4.** Stellung und Farbgebung der Zusatzthemen sind bei diesem Titelfoto leseunfreundlich **6.** Das Bildmotiv eignet sich nicht für einen Ganz-Cover-Titel

HÄUSER ist
seit vielen Jahren
seinem Stil
treu geblieben

„Zeitschriften werden nicht von vorn nach hinten gelesen, sondern punktuell und segmentiert. Jeder liest das, was ihn am meisten interessiert"

Peter Brielmaier
† 2005 Redakteur und Dozent

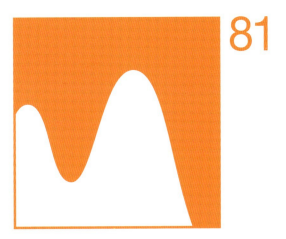

DRAMATURGIE

Warum braucht jedes Magazin einen Spannungsbogen? Wie sollte ein Magazin strukturell aufgebaut sein? Was bedeutet der Begriff Triade? Warum ist der Einsatz eines Strukturplans sinnvoll?

Jedes Magazin benötigt eine kluge, gut durchdachte Dramaturgie wie bei einer Oper oder einer Symphonie. Der Spannungsbogen sollte über das gesamte Heft gehalten werden

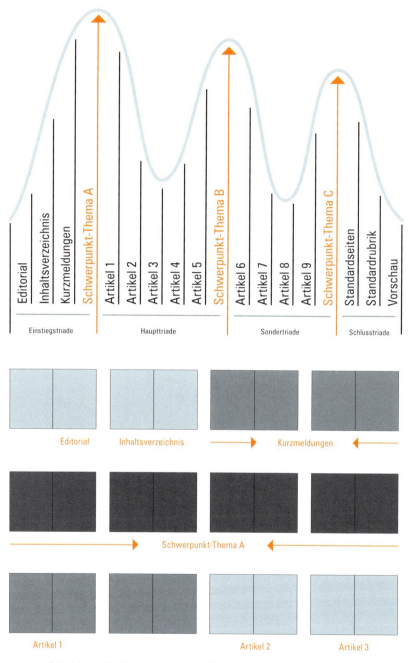

Beispiel einer Einstiegstriade: Ausschnitt eines redaktionellen Seitenablaufs

AUFBAU EINES SPANNUNGSBOGENS

Die Mehrzahl der Kioskbesucher verhält sich beim Durchblättern einer Zeitschrift fast immer nach dem gleichen Muster. Leser halten das Magazin, sofern sie Rechtshänder sind, mit der rechten Hand am Bund fest und lassen die Seiten über den linken Daumen laufen – sie blättern also von hinten nach vorn durchs Heft. Dieses intuitive Vorgehen lässt sich nicht nur in der Praxis immer wieder am Kiosk beobachten, sondern wurde auch wissenschaftlich untersucht.

Im Idealfall stoppt der Leser beim Blättern an der einen oder anderen Stelle. Dies geschieht nur, wenn es gelingt, den Blick des Betrachters festzuhalten, indem er mindestens auf einer Doppelseite optisch überrascht wird. Voraussetzung dafür ist ein kluger Aufbau des Innenlayouts. Jedes Magazin braucht einen Spannungsbogen. Er sollte sowohl beim ersten Durchblättern von hinten nach vorn spürbar werden als auch beim langsamen Umschlagen der Seiten von vorn nach hinten. Ich vergleiche dieses Vorgehen gern mit einem Besuch im Theater oder in der Oper. Ohne eine durchdachte Dramaturgie schläft der Zuschauer sehr schnell ein. Also ist es ratsam, Höhepunkte zu schaffen, die den Betrachter oder Zuhörer wachrütteln. Das Innenleben einer Zeitschrift funktioniert ähnlich. Ein Grafiker baut im Inneren des Magazins ein kleines Theater- oder Musikstück. Dramaturgisch beginnt der Spannungsbogen unten und steigt dann bis zum ersten Highlight an. Danach fällt er wieder ab, um eine Atempause vor dem nächsten Anstieg zu ermöglichen. Durch diese wellenförmige Heftdramaturgie fängt man den Leser immer wieder neu ein.

Bei einem Heftumfang von 60 bis 80 Seiten sollte ein Magazin drei Wellenbewegungen durchlaufen. Man spricht deshalb auch von Triaden. Der Begriff stammt aus der Verslehre. Dort bezeichnet eine Triade eine Gruppe von drei Strophen. Besonders griechische Tragödien sind nach diesem Muster aufgebaut. Allerdings muss die Dramaturgie bei einem Magazin nicht wie bei einem Theaterstück immer genau in drei Wellenbewegungen verlaufen. Je nach Umfang

RATSCHLAG

Jedes Innenlayout braucht einen Spannungsbogen. Er sollte sowohl beim ersten Durchblättern als auch beim langsamen Umschlagen der Seiten spürbar sein.

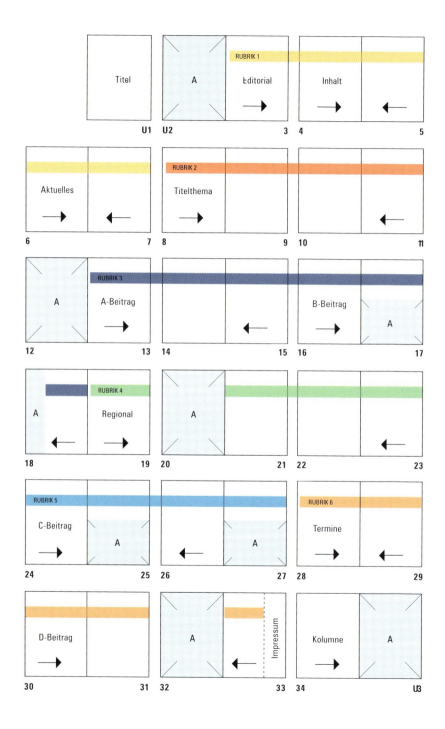

der Publikation kann es auch eine Triade mehr oder weniger sein. In jedem Fall sollte mindestens ein Höhepunkt gesetzt werden, selbst wenn es sich um ein Magazin mit geringer Seitenzahl handelt. Am Ende lässt man das Heft langsam ausklingen.
Nun gibt es viele gestalterische Möglichkeiten, um diese Highlights zu erreichen. Das kann durch ein großzügiges Bildformat genauso erzielt werden wie durch eine interessante Geschichte mit einer fesselnden Headline. Wie ein Grafiker im Einzelnen optische Schwerpunkte setzen kann, ist Thema im späteren Kapitel Seitenlayout. Entscheidend ist an dieser Stelle nur die Tatsache, dass diese Triaden unbedingt stattfinden müssen. Im Gegensatz zum Buch, das bekanntlich dramaturgisch wesentlich gleichmäßiger verläuft, muss ein Magazin beim langsamen Durchblättern optisch auf- und niedersteigen. Nur so wird der Leser überrascht und möchte das Magazin kaufen. Ist es zu gleichförmig layoutet, legt er es gelangweilt zurück.

EINSATZ EINES STRUKTURPLANS

Um eine spannende Heftdramaturgie aufzubauen, hilft ein sogenannter Strukturplan, der auch häufig als Redaktions- oder Heftplan bezeichnet wird. In der Redaktion des STERN beispielsweise spricht man vom Kuchenbrett. Trotz der unterschiedlichen Bezeichnungen ist immer das Gleiche damit gemeint. In diesem Plan sind alle Seiten des Magazins im Kleinformat abgebildet, um sich einen Überblick über den Ablauf der einzelnen Geschichten im Heft zu verschaffen. Auf dem Strukturplan können Redakteure und Grafiker vor und während der gesamten Heftproduktion die einzelnen Rubriken, die Anzeigenplatzierung sowie bereits gesetzte Themen eintragen. Er wird fortlaufend aktualisiert. So können alle an der Produktion Beteiligten jederzeit sehen, wie das Magazin kontinuierlich wächst.
Der Strukturplan ist das wichtigste Handwerkszeug eines jeden Grafikers und Redakteurs. Heutzutage wird in vielen Redaktionen leider nicht mehr damit gearbeitet, weil man der Ansicht ist, es koste zu viel Zeit oder gehe auch ohne, da man ohnehin alle Seiten am Computer entwirft. Ich empfehle

nach wie vor, jeden Abend nach getaner Arbeit den Strukturplan sowie die bereits gebauten Seiten in Miniatur auszudrucken und an die Wand zu hängen. So können Grafiker und Journalisten über die Platzierung der einzelnen Text- und Bildstrecken diskutieren. Das ist kommunikativ, beschleunigt die Arbeitsabläufe und verbessert das Betriebsklima. Der Strukturplan ermöglicht allen Beteiligten, den Überblick zu behalten und dramaturgische Fehler, die während der Produktion passieren können, rechtzeitig zu beheben. Manchmal genügt ein kurzer Blick auf den Strukturplan, um zu überprüfen, ob die Triaden gut gesetzt sind, zwei ähnlich farbige Headlines nebeneinander stehen oder Textstellungen zu nah aufeinander folgen. Es ist dann leicht, die eine oder andere Doppelseite zu verschieben oder gegebenenfalls Seiten neu zu umbrechen.

Die Grundstruktur eines Magazins steht in der Regel fest. Die meisten Publikationen sind nach Rubriken geordnet. Frauenzeitschriften werden etwa in Mode, Beauty, Wellness oder Gesundheit eingeteilt. In Nachrichtenmagazinen finden sich Rubriken wie Politik, Wirtschaft, Sport oder Kultur. Der Leser braucht wiederkehrende Strukturen, an denen er sich orientieren kann. Er will beispielsweise sein Horoskop oder Rätsel immer an der gleichen Stelle im Heft finden. Andererseits freut er sich auch über etwas Abwechslung. Diese erreicht man, indem der Grafiker innerhalb der einzelnen Rubriken mit dem Layout zu spielen beginnt. Da gilt es, die festgelegte Einteilung bewusst zu durchbrechen – etwa mit ungewöhnlichen Bildformaten, die aus dem Beschnitt gehen, einer völlig überraschenden Bildidee oder unterschiedlichem Seitenaufbau.

In der Verlagspraxis findet man gelegentlich sehr streng durchstrukturierte Magazine, die dem Grafiker wenig Spielraum lassen. Auch den Redakteuren bleibt in diesem Fall keine andere Möglichkeit, als vorgegebene Textspalten lediglich mit Inhalt zu füllen. Dieses sogenannte Rasterlayout muss nicht sein. Im Gegenteil: Bildformate, Textlängen, Zusatzelemente wie Kästen oder Marginalspalten können und sollen Bewegung ins Seitenlayout bringen, um der jeweiligen Thematik, dem Bildmaterial und dem Textumbruch gerecht zu werden. Nur so kann man den Spannungsbogen über das gesamte Magazin halten.

„Man sollte sich an der Gestaltung erfolgreicher Kaufpublikationen orientieren. Was am Kiosk funktioniert, ist nicht außer Kraft gesetzt, wenn es um Firmenpublikationen geht"

Werner Idstein
Projektleiter SIGNUM
Communication Werbeagentur
Mannheim

HEFTFÜHRUNG

Warum braucht ein Magazin eine gute Navigation? Welche Rolle spielt die Rubrizierung? Welche Bedeutung hat das Inhaltsverzeichnis für die Leserführung? Wann ist es sinnvoll, Kapitelaufmacher einzusetzen?

Die Leser sind heutzutage durch das Internet daran gewöhnt, schnell Zugriff auf Informationen zu erhalten. Das sollte Printmedien ebenso gelingen

Das Inhaltsverzeichnis aus dem Magazin CUT (siehe Cover rechts) ist originell umgesetzt – man findet aber leider die auf dem Titel angekündigten Themen nicht

DIE NAVIGATION

Um dem Leser innerhalb eines Magazins Orientierung zu geben, bedarf es einer guten Navigation. Eine klare inhaltliche und visuelle Rubrizierung ist Voraussetzung dafür. Nur so erhält der Leser einen schnellen und unkomplizierten Zugriff auf die Themen. Unabhängig davon, ob es sich um eine Neuentwicklung oder um einen Relaunch einer bereits existierenden Zeitschrift handelt: Der Titel, das Inhaltsverzeichnis und die Heftstrukturierung bilden die Eckpfeiler für ein gelungenes Magazin. Erst wenn diese drei Bereiche gut durchdacht und entsprechend aufgebaut sind, kann man sich mit dem Innenlayout befassen. Die Typografie der Rubrikentitel können dabei ebenso eine Rolle spielen wie die Einführung von Buchseiten, um das Magazin deutlich zu gliedern. Der Inhaltsseite kommt dabei eine besondere Bedeutung zu. Abgesehen vom Titel kann man mit ihr den Leser gewinnen und ihn sowohl optisch wie inhaltlich festhalten. Sie ist Teil der Verkaufsstrategie. Im Innenteil zählt das Inhaltsverzeichnis zu den wichtigsten und zugleich schwierigsten Seiten.

DAS INHALTSVERZEICHNIS

Themen, die auf dem Cover angekündigt werden, sollten auch auf den Inhaltsseiten schnell zu finden sein.

Fühlt sich der Leser vom Titel eines Magazins angesprochen und interessiert sich für ein bestimmtes Thema, das auf dem Cover angekündigt wird, dann will er diesen Beitrag auch so schnell wie möglich finden. Wenn er das Inhaltsverzeichnis aufschlägt und sein gewünschtes Thema nicht innerhalb von drei Sekunden entdeckt, dann besteht die Gefahr, dass er das Magazin zuschlägt und zur Seite legt.

Die Leser sind heutzutage durch die Suchmaschinen im Internet daran gewöhnt, sehr schnell Zugriff auf Informationen zu bekommen. Umso wichtiger ist es bei Printmedien, einen ähnlich guten Service anzubieten. Im Inhaltsverzeichnis sollten deshalb alle Themen, die als Anreißer auf dem Titel stehen, schnell zu finden sein. Dies kann man zum einen mit

Kleine signifikante Markierungen der Themen, die auf dem Cover angekündigt wurden, lassen sich schneller finden

Auf den Inhaltsseiten sollte möglichst ein Schwerpunktbild gesetzt werden. In diesem Fall ist es ein echter Hingucker

Größere Seitenzahlen, die zum Bild und Text gestellt werden, können ein schönes grafisches Element sein

Die Rubrizierung sollte sich typografisch abheben. Sie kann zusätzlich durch einen Farbbalken unterstützt werden, sofern er mit einem entsprechenden Leitsystem im Innenlayout korrespondiert

einem grafischen Signal erreichen, indem man die Themen beispielsweise durch eine kleine Farbmarke, einen Pfeil oder auch eine farbige Typo markiert. Das erleichtert die Suche enorm: ein kleiner Trick mit großer Wirkung.

Zum zweiten sind die Journalisten gefragt. Sie wählen für ein und dasselbe Thema immer wieder neue Formulierungen, die sich dann im Inhalt, in der Headline des Artikels und im Inhaltsverzeichnis finden. Sie fürchten, es könne den Leser langweilen, wenn er mehrfach den gleichen Text in einem Magazin findet. Redakteure vermeiden in der Regel Redundanzen, doch in diesem Fall sind Wiederholungen sogar erwünscht. Wenn sich ein Leser auf einem Titelbild von der Schlagzeile wie „Französische Küche" angesprochen fühlt und dann im Inhalt diesen Begriff nicht sofort wiederfindet, sondern nur die Zeile „Bretonische Spezialitäten", dann fühlt er sich verloren. Er braucht einige Zeit – jedenfalls länger als drei Sekunden –, um die Geschichte samt entsprechender Seitenzahl zu finden. Blättert der Leser anschließend zum gewünschten Artikel und liest dort eine weitere neue Headline, ist er völlig verwirrt.

Ein Redakteur sollte sich also nicht scheuen, die gleiche Formulierung zu wählen oder zumindest die gleichen Schlagworte zu verwenden: Der Begriff „Französische Küche" sollte also außen auf dem Titel, im Inhaltsverzeichnis und im Innenteil stehen. Für alle Textzeilen im Inhaltsverzeichnis gilt: Die Themen sollten kurz und prägnant angekündigt werden, um die Seite nicht zu überladen. Zu lange Texte ermüden den Leser und machen die Inhaltsseite unübersichtlich.

Der Charakter einer Publikation wird auch im Inhaltsverzeichnis geprägt. Die Inhaltsseiten von Nachrichten- oder Fachzeitschriften sehen in der Regel optisch anders aus als von Lifestyle-Magazinen. Das Inhaltsverzeichnis sollte dem Leser sowohl bildlich als auch textlich eine größtmögliche Klarheit und Übersichtlichkeit bieten, damit er sich nicht nur schnell orientieren, sondern auch unkompliziert mit der Lektüre beginnen kann.

Gut gelöst: Das Editorial, das auf der Inhaltsseite untergebracht werden musste, hebt sich deutlich ab

Aus Mangel an interessantem Bildmaterial wurde für einen Dummy-Entwurf von BILD DER WISSENSCHAFT ein großes Motiv auf die Inhaltsseite gesetzt

Man kann auch mit Briefmarkenformaten ein interessantes Layout gestalten: Für BERLIN BLOCK wurden Bildausschnitte aus den Motiven der Buchseiten ausgewählt, die beim Leser Neugier erwecken

Was ist bei der Bildauswahl zu beachten?

Wie bei der Gestaltung des Covers gilt auch für das Inhaltsverzeichnis: Es braucht einen optischen Schwerpunkt. In der Regel legt man diesen auf die Titelgeschichte, die im Inhalt präsentiert wird. Im Gegensatz zum Text sollte sich das Motiv der Titelstory auf dem Cover nicht im Inhaltsverzeichnis wiederholen. Der Leser will optisch überrascht werden, deshalb sollte man weder das Titelmotiv noch das Aufmacherbild der Titelgeschichte im Innenteil verwenden. Nach Möglichkeit wählt der Grafiker aus dem Bildmaterial der Titelgeschichte für die Inhaltsseite ein alternatives Motiv aus.

Um beim Beispiel „Französische Küche" zu bleiben: Die Abbildung verschiedener französischer Spezialitäten machen dem Leser Appetit auf mehr. Zeigt man ihm hingegen dreimal dieselbe Entenbrust: auf dem Cover, im Inhalt und in der Titelgeschichte wirkt das ermüdend und optisch eintönig, selbst wenn das Gericht ansprechend fotografiert wurde. Der Leser will Abwechslung, ähnlich wie der Besucher eines Theaterstücks: Auch dort möchte der Zuschauer nicht immer dasselbe Bühnenbild sehen, wenn eine neue Szene beginnt. Manche Grafiker entscheiden sich bewusst dafür, mit dem gleichen Bildmotiv zu arbeiten, damit sich beim Leser ein Wiedererkennungseffekt einstellt. Sie nutzen das Bildmotiv als Führungselement. Meiner Meinung nach sollte man die Wiedererkennung über den Text erreichen und bei der Bildauswahl variieren, denn das Auge erfasst zuerst das Bild und dann den Text.

99

Wie vermeidet man Briefmarkenbilder?

Statt Miniaturbilder abzubilden, die wenig Bildinformation transportieren und ohnehin vom Leser nicht wahrgenommen werden, gibt es auch eine andere Möglichkeit. Sie besteht darin, bei kleinen Formaten nur einen spannenden Ausschnitt eines Bildmotivs zu zeigen, um im Innenteil das ganze Bild zu präsentieren. Das macht den Leser neugierig. Für BERLIN BLOCK, ein Berliner

Vor (oben) und nach (unten) einem Redesign der Zeitschrift FONO FORUM: Die Linien wurden entfernt, die Texte des Inhalts komprimiert – und ein Motiv wurde als Schwerpunkt gesetzt

Kulturmagazin, das leider nach vier Ausgaben eingestellt werden musste, habe ich ein solches Inhaltsverzeichnis entworfen. Eine weitere Alternative kann eine großformatige Optik sein. Das passt sicher nicht zu jedem Magazin, aber in einigen Fällen kann das sehr reizvoll sein. Das Inhaltsverzeichnis wirkt aufgeräumt, und das Auge kommt durch die großzügige Aufmachung zur Ruhe, wie man am Beispiel eines Dummy-Entwurfes für das Magazin BILD DER WISSENSCHAFT sehen kann (siehe Seite 98).

Man kann den Text auch mit einem geeigneten Bildmotiv unterlegen, was sich vor allem bei monothematischen Ausgaben anbietet. Das ZEIT MAGAZIN hat einmal zum Thema Kochen in dieser Optik eine sehr schöne Inhaltsseite gestaltet. Wichtig für die Bildauswahl im Inhaltsverzeichnis ist jedoch: Grafiker sollten darauf achten, nicht das gesamte brauchbare Bildmaterial im Innenteil zu verwenden. Gute Fotos werden auch für das Inhaltsverzeichnis benötigt, das in der Regel erst am Ende einer Produktion gestaltet wird, wenn die Heftdramaturgie und die Seitenzahlen stehen.

Welche Rolle spielen die Seitenzahlen?

Auch die Stellung der Seitenzahlen gibt dem Leser Orientierung. Früher wurden sie häufig ans Ende der Textzeile gestellt und mit einer gepunkteten Linie verbunden. Inzwischen stellen viele Zeitschriften die Seitenzahl vor die Textzeile. Das hat nicht nur den Vorteil, dass der Leser das gewünschte Thema samt Seitenzahl schneller findet, sondern befreit das Layout auch von den lästigen Linien, die ohnehin kaum noch eingesetzt werden. Das Inhaltsverzeichnis sieht aufgeräumter und ruhiger aus.

Der Grafiker kann auch mit der Schriftgröße der Seitenzahlen spielen: Entweder setzt er sie etwas größer neben die dazugehörigen Themen oder stellt sie zusätzlich ebenfalls vergrößert zu den dazugehörigen Bildmotiven. Einige Zeitschriften arbeiten im Innenlayout mit einer Farbführung, die die jeweiligen Rubriken optisch gliedern. Wenn ein Farbleitsystem vorhanden ist, bietet es sich an, diese Farben im Inhaltsverzeichnis wieder aufzunehmen. Auch dies ist eine gute Möglichkeit, um ein Magazin klar zu strukturieren.

Doppelte Führung (oben): Diesen Fehler kann man häufig beobachten. Der Leser nimmt eine Doppelseite immer als eine Einheit wahr.
Links: Ein Icon ist eine schöne Heftführung genauso wie der Einsatz eines Piktogramms

HEFT- UND SEITENFÜHRUNG

Die Heft- oder Seitenführung, manche sprechen auch vom Rubrikentitel, gibt dem Leser Auskunft darüber, wo er sich gerade im Heft befindet. Zudem hilft sie, die im Inhalt angekündigten Themen schnell zu finden. Die Heftführung kann als Spielelement beim Seitenlayout eingesetzt und deshalb an verschiedenen Stellen auf der Seite platziert werden. Sie kann oben sowohl rechts oder links stehen, sie kann zentriert gesetzt werden oder auch unten zur Seitenzahl gestellt werden. Einige Magazine stürzen den Rubrikentitel, was sich allerdings nicht für längere Begriffe eignet. Die Lesegewohnheiten zeigen, dass die Heftführung am besten oben wahrgenommen wird, während die Paginierung besser unten steht. Das scheint dem Leser am vertrautesten zu sein.

> **RATSCHLAG**
> Die Rubrikentitel sollten niemals doppelt auf einer aufgeschlagenen Seite stehen, außer die Thematik wechselt. Dann müssen zwei Begriffe platziert werden.

Trotz aller Variationen bei der Platzierung der Seiten- oder Heftführung gilt folgende Regel: Die Rubrizierung sollte niemals doppelt auf einer aufgeschlagenen Seite stehen. Es gibt nur eine Ausnahme: Wenn die Thematik wechselt, muss der jeweilige Rubrikentitel auf beiden Seiten stehen, zum Beispiel links „Kultur" und rechts „Sport". Dann weiß der Leser sofort, dass links die eine Rubrik endet und rechts eine neue beginnt. Steht hingegen auf jeder Seite über eine längere Strecke immer wieder dasselbe Wort, dann ist dies redundant. Der Leser nimmt eine Doppelseite immer als Einheit wahr und benötigt deshalb zur Führung nicht denselben Begriff zweimal. Dieser Fehler der doppelten Heftführung wird häufig gemacht. Ich rate dringend davon ab und empfehle stattdessen, die Führung auf die linke Seite zu setzen, da häufig Anzeigen bevorzugt rechts platziert werden. Doch auch das ist kein Muss. Der Grafiker kann damit spielen: Wenn er etwa auf der linken Seite ein Bildformat aus dem Beschnitt setzt, kann er den Rubrikentitel selbstverständlich auch auf die rechte Seite stellen. Der STERN etwa integriert sein Logo als Miniatur in die Seitenführung. So wird der Titelcharakter auch im Innenlayout sichtbar. Sieht man den STERN aufgeschlagen herumliegen, wird man ihn immer sofort erkennen.

Durch den Einsatz einer zweiteiligen Heftführung würde es sich anbieten ...

... die markante Typo des Titelkopfes auch für die Hauptrubrizierung zu verwenden

VISUELLE RUBRIZIERUNG

Um einem Magazin seinen Charakter zu geben, spielt neben dem Satzspiegel und dem Seitenumbruch auch der Einsatz der Typografie eine wesentliche Rolle. Man kann die Heftführung mit der gleichen Schrift gestalten wie die Typo des Titelkopfes. Diese Typo wird möglichst nicht mehr im Innenlayout verwendet, da sie eine ähnliche Funktion wie ein Firmenname oder Modelabel hat. Sie ist ausschließlich für die Heftführung reserviert. Der Grund: Wenn die Heftführung mit dem Titel typografisch übereinstimmt, wird der Leser schnell erkennen, welches Printobjekt er in Händen hält. Jedes Heft muss aufgeschlagen wiederzuerkennen sein. Wenn man die Typo sowie die Farbwelt des Schriftzuges in den Rubrikentiteln aufgreift, dann gibt sie dem Magazin sein unverwechselbares Aussehen. Die Heftführung muss also zur Gesamtanmutung des Magazins passen. Dann wirkt es wie aus einem Guss. Eine so gestaltete Heftführung kann sogar wie ein zweites USP wirken.

Obwohl die Vorteile auf der Hand liegen, ist zu beobachten, dass heutzutage kaum mehr Magazine nach diesen visuellen Regeln gestaltet werden. Eine Erklärung dafür habe ich leider nicht. Meiner Meinung nach handelt es sich aber um ein grobes Versäumnis. Die Verlage verschenken die grafischen Möglichkeiten, um ihrem Printobjekt ein klares Profil zu geben. Darüber hinaus ist es ein hervorragendes Instrument zur Strukturierung einer Zeitschrift.

Früher gab die sogenannte Archivierungszeile einen Hinweis darauf, welche Magazinausgabe man vor sich hat. Sie hatte die Funktion einer Quellenangabe. Falls ein Artikel aus einer Zeitschrift kopiert wurde, konnte man anhand der Archivierungszeile erkennen, aus welchem Magazin und welcher Ausgabe die Seite stammt. Neuere Publikationen verzichten inzwischen häufig auf diese Zeile, weil veröffentlichte Texte durch das Internet anders archiviert werden. Da die Archivierungszeile meist in sehr kleiner Punktgröße gesetzt wird, ist sie aber als Erkennungsmerkmal oder als Führungselement ohnehin zu schwach.

Freie Zeit
Fernsehen - Kino - Musik - Literatur - Computerspiele - Internet

142 **Die Hölle ist eine Warteschlange** Sarah Kuttner will ein Jahr nach dem Ende ihrer MTV-Show wieder ins Fernsehen. Aber nicht um jeden Preis. 148 **Als hätten Freddie Mercury und Minnie Maus viel Spaß miteinander** Der Exillibanese Mika hat das Album gemacht, das Robbie Williams gerettet hätte. 150 **Kleine Jungs an der Kasse wegschubsen** Das würde Autor A tun, um schnellstmöglich an die neue Playstation 3 zu kommen. Autor B meint: Das Ding ist überschätzt und übersteuert. Eine Debatte. 152 **Eine Spur von Paramount, feinem Scotch und Luftküssen bei Ciro's** Die amerikanische Jungschriftstellerin Marisha Pessl wird zu Recht gefeiert. Ihr neuer Roman ist so verwirrend wie grandios. 154 »**How do you explain school to a higher intelligence?**« Manchmal haben Filme noch bessere Sätze zu bieten als ihre berühmtesten.

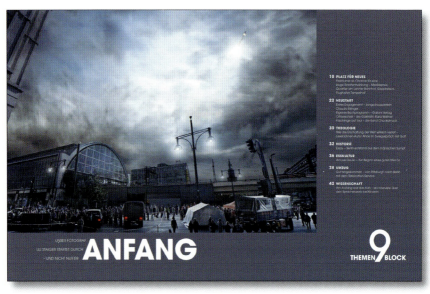

NEON wählt ein einseitiges Bildmotiv auf doppelseitigem Bucheinstieg, während BERLIN BLOCK (unten) die Bildeinheit über den Falz zieht

BUCHSEITEN ALS GLIEDERUNGSELEMENT

Eine schöne Methode, um ein Heft lesefreundlich zu strukturieren, ist die Einführung von sogenannten Buchseiten. Der Begriff kommt aus dem Zeitungsbereich. Jede Tages- oder Wochenzeitung ist in einzelne Bücher eingeteilt, die jeweils einen eigenen Rubrikenkopf besitzen. Dieser sollte aus der gleichen Typo wie der Titelschriftzug gebaut werden. DIE ZEIT ist dafür ein gelungenes Beispiel. Wenn jemand in der Bahn sitzt und in nur einem Buch der ZEIT liest, ist jedem Mitfahrer sofort klar, um welche Zeitung es sich handelt.

Die Strukturierung mit Buchseiten wurde in den Magazinbereich übernommen und weiterentwickelt. Die Buchseiten gliedern eine Zeitschrift in thematische Abschnitte. Sie dienen als optische Trenner, man könnte sie auch als Kapitelaufmacher bezeichnen. Bei BERLIN BLOCK habe ich eine doppelseitige Optik gewählt, die mit dem Inhaltsverzeichnis korrespondiert. Die Typografie entspricht dem Titelschriftzug und dem Inhalt. Eine Buchseite ist nichts anderes als ein kleineres Inhaltsverzeichnis für den folgenden Magazinabschnitt. Der Vorteil: Das Inhaltsverzeichnis zu Beginn wird entlastet und kann großzügiger gestaltet werden, da detaillierte Inhaltsangaben auf den Buchseiten stattfinden. Dort werden die Themen der jeweiligen Rubrik noch einmal mit Seitenzahlen aufgelistet. Der Leser findet so schneller den gewünschten Artikel.

Wenn man nur eine einzelne Bucheinheit in der Hand eines Lesers sieht, wird man durch den gut gewählten typografischen Einsatz sofort erkennen, dass es sich um DIE ZEIT handelt

Wann kann ich Buchseiten einsetzen?

Der Einsatz von Buchseiten lohnt sich nur bei einem größeren Heftumfang. Eine Zeitschrift sollte mindestens drei bis vier Rubriken umfassen. Hat man aus Platzgründen nur eine Seite für die Buchseite zur Verfügung, stellt man diese nach rechts. Die linke Seite wird visuell ruhiger gestaltet, damit die Buchseite ihre Wirkung entfalten kann. Auch die Platzierung einer Anzeige links neben einer Buchseite kann die Gestaltung erschweren, es sei denn, sie zeigt eine farblich und bildhaft ruhige Optik.

„Gott schütze uns vor der vagabundierenden Kreativität der Typomanen"

Kurt Weidemann
Grafikdesigner, Typograf und Autor

TYPOGRAFIE

Welche Schriften eignen sich für die Magazingestaltung? Was ist der Unterschied zwischen Antiqua und Grotesk? Wie viele Schriften verträgt eine Zeitschrift? Wann setzt man ein Initial ein?

Es gibt
Tausende von
Schriftfamilien.
Sie bieten
dem Grafiker
eine Vielzahl von
Variations-
möglichkeiten
bei der
Gestaltung

Im Mittelpunkt stehen die Schriften.
Im Mittelpunkt stehen die Schriften. **Im Mittelpunkt stehen die Schriften.** Im Mittelpunkt stehen die Schriften. Im Mittelpunkt stehen die Schriften.
Im Mittelpunkt stehen die Schriften.
Im Mittelpunkt stehen die Schriften. **Im Mittelpunkt stehen die Schriften.** Im Mittelpunkt stehen die Schriften. **Im Mittelpunkt stehen die Schriften.** Im Mittelpunkt stehen die Schriften. Im Mittelpunkt stehen die Schriften.
Im Mittelpunkt stehen die Schriften.
Im Mittelpunkt stehen die Schriften. Im Mittelpunkt stehen die Schriften. Im Mittelpunkt stehen die Schriften. **Im Mittelpunkt stehen die Schriften.** Im Mittelpunkt stehen die Schriften.
Im Mittelpunkt stehen die Schriften. Im Mittelpunkt stehen die Schriften.
Im Mittelpunkt stehen die Schriften. Im Mittelpunkt stehen die Schriften. **Im Mittelpunkt stehen die Schriften.** Im Mittelpunkt stehen die Schriften.
Im Mittelpunkt stehen die Schriften.

DIE WELT DER SCHRIFTEN

Die Typografie ist eine Wissenschaft für sich. Sie beschäftigt sich mit der Lehre der Schriftzeichen, die die Grundlage der Textgestaltung bilden. Ich habe noch viele Schriften selbst von Hand gezeichnet, um zu verstehen, wie eine Schrift aufgebaut ist. Das Zeichnen mit der Feder schult ungemein. Man bekommt ein Gefühl für Laufweiten, Strichstärken und Schriftschnitte wie kursiv, condensed oder halbfett. Die Beschäftigung mit den einzelnen Buchstabenbestandteilen schärft den Blick für die Unterschiede der einzelnen Formen und ihre Auswirkungen auf das Schriftbild. Es gibt Tausende von Schriftfamilien, die wiederum in verschiedenen Schriftschnitten vorkommen. Sie bieten dem Grafiker eine Vielzahl von Variationsmöglichkeiten. Zu den klassischen Schriftfamilien, die in der Zeit des Bleisatzes entwickelt wurden, kamen inzwischen viele neue dazu, die am Computer jederzeit verfügbar sind. Sie waren eine Zeit lang in Mode, bis man feststellte, dass sie nicht ausgereift sind. Die neu entwickelten Schriften sind typografisch zum Teil nicht fundiert. Sie haben sich in der Magazingestaltung nicht immer bewährt. Inzwischen greifen viele Verlage auffällig oft auf alte Schriften zurück. Auch im Zeitungsbereich finden sich im Fließtext viele traditionelle Schriften: DIE ZEIT veröffentlicht ihre Texte in der Garamond, die FRANKFURTER ALLGEMEINE verwendet die Times New Roman und in ihrer Sonntagsausgabe FAS die Janson, um nur einige Beispiele zu nennen.

Angesichts der Masse an Schriftfamilien ist es kaum möglich, konkrete Empfehlungen auszusprechen, welche Schrift für welche Art von Magazin die richtige ist. Es gibt aber einige typografische Gesetzmäßigkeiten, die man bei der Wahl der richtigen Schrift beachten sollte. Das Hauptkriterium für die richtige Wahl einer Brotschrift ist die optimale Lesbarkeit. Ist sie gut zu lesen, ergibt sich auch ein ästhetisch schönes Schriftbild. Doch nicht jede schöne Schrift eignet sich als Leseschrift, wie sich am Beispiel der Rotis gut erklären lässt. 1988 veröffentlichte Otl Aicher, einer der bedeutendsten

Wenn man eine Schrift von Hand zeichnet, bekommt man ein Gefühl für Proportionen, Laufweiten und Strichstärken

Die Schrift Rotis eignet sich sehr gut für Headlines, weil sie kreativ gestaltete Buchstaben besitzt. Als Leseschrift sollte sie hingegen nicht eingesetzt werden

Als Punze bezeichnet man den nicht druckbaren Bereich im inneren der Buchstaben

Antiqua   Grotesk   geschlossen   nach unten   nach oben
                                         geöffnet   geöffnet

Versalhöhe   W a b g   Oberlänge
                          Mittellänge oder x-Höhe
                          Unterlänge

Majuskeln = Versalien   Minuskeln = Gemeinen

DONAUSCHIFFFAHRTSGESELLSCHAFTSKAPITÄN
Futura 14 pt

DONAUSCHIFFFAHRTSGESELLSCHAFTSKAPITÄN
ITC Century 14 pt

Magazin bd
ITC Century 24 pt

Magazin bd
Futura 24 pt

Magazin bd
ITC Century 43 pt

Magazin bd
Futura 43 pt

Typografie ist ein weites Feld: Hier können nur einige Aspekte angesprochen werden, die für die Magazingestaltung relevant sind

deutschen Gestalter, die nach seinem Wohnort im Allgäu benannte Schriftfamilie Rotis. Sie hat wunderbar kreativ gestaltete Buchstaben wie etwa das „C". Als Fließtext ist die Rotis allerdings nicht geeignet, da ihr Schriftbild unruhig wirkt. Sie ermöglicht keinen angenehmen Lesefluss, für das Auge ist das Lesen längerer Textpassagen anstrengend. Andererseits kann man die Rotis hervorragend als Headlineschrift einsetzen, denn bei größerem Schriftgrad und geringer Textmenge kann sie ihre ästhetische Wirkung voll entfalten.

Man unterscheidet zwischen Antiqua- und Groteskschriften, die sogar innerhalb einer Schriftfamilie vorkommen können.

In Fließtexten lassen sich Schriften mit Serifen besser und schneller lesen als Groteskschriften, weil die Serifen die Buchstaben miteinander verbinden. Das Auge nimmt die Buchstabenfolge als Linie wahr. Das erleichtert das Lesen bei längeren Texten. Bei einer Groteskschrift fällt diese Schriftlinie weg, dadurch lässt sie sich nicht so schnell erfassen wie eine Serifenschrift.

> **HINWEIS**
>
> In Fließtexten lassen sich Antiquaschriften besser und schneller lesen als Groteskschriften, weil die Serifen die Buchstaben miteinander verbinden und eine Schriftlinie bilden.

Den Unterschied zwischen den beiden Schriftstilen kann man auch mit einem optischen Trick deutlich machen. Wenn man beispielsweise das Wort „Magazin" einmal mit und einmal ohne Serifen betrachtet und dabei in beiden Versionen die untere Hälfte abdeckt, fällt Folgendes auf: Bei einer Antiqua wie zum Beispiel der Century kann man die kleinen Buchstaben „a" vom „g" sehr leicht voneinander unterscheiden. Dies ist bei einer Groteskschrift wie der Helvetica nicht der Fall. Die oberen Buchstabenbestandteile von „a" und „g" sind identisch aufgebaut und deshalb schwer voneinander zu unterscheiden. Beim Einsatz von Großbuchstaben (Versalien) verhält es sich umgekehrt. Abhängig von der Wortlänge lassen sich Serifenschriften in Versalien schwieriger lesen. Für lange Begriffe empfiehlt es sich also, wenn man sie in Großbuchstaben setzen möchte, besser eine Schrift ohne Serifen zu wählen. In der Plakatwerbung wird übrigens fast ausschließlich mit Groteskschriften gearbeitet. Denn ein Plakat muss auch aus der Entfernung wirken. Schriften mit Serifen sind ab einer gewissen Distanz nicht mehr so klar zu erkennen.

Typografie
das Schriftbild

Der Zeilenabstand, vergleichbar mit dem Durchschuss
im Bleisatz, sollte so gewählt werden, dass sich die Ober- und Unterlängen
der Buchstaben möglichst nicht berühren

Dd Design

Bei der Zusammenstellung von Großbuchstaben (Versalien/Majuskeln)
mit Kleinbuchstaben (Minuskeln) entsteht ein unschönes Schriftbild. Zieht
man Minuskeln auf die Höhe der Versalien, verdickt sich ihr Duktus

Wie sind eigentlich die Serifen entstanden? Versuchen Sie es einfach: wenn Sie mit einer Breitfeder und Tinte Buchstaben schreiben, entstehen die Serifen fast automatisch durch die Schreibbewegung. Erst im neunzehnten Jahrhundert kam man auf die Idee, die Serifen wegzulassen. Für längere Texte sollte man besser eine Schrift mit Serifen einsetzen.

Wie sind eigentlich die Serifen entstanden? Versuchen Sie es einfach: wenn Sie mit einer Breitfeder und Tinte Buchstaben schreiben, entstehen die Serifen fast automatisch durch die Schreibbewegung. Erst im neunzehnten Jahrhundert kam man auf die Idee, die Serifen wegzulassen. Für längere Texte sollte man besser eine Schrift mit Serifen einsetzen.

Spaltenbreite: 38 mm und 54 mm

Die Breite der Spalten spielt bei der Auswahl der Schrift eine große Rolle. Stimmt das Verhältnis
der Typo zur gewählten Spaltenbreite nicht, entstehen unschöne Leerräume und Trennungen

Bei kursiven Schriften sind die Buchstaben geneigt. Dadurch kippt das Schriftbild nach rechts. Deshalb sollte man sie nur gezielt einsetzen, etwa bei wörtlicher Rede in Interviews oder wenn man einen speziellen grafischen Effekt erzielen will, der zu einer entsprechenden Thematik passt. Ich persönlich bin kein Freund der Kursivschrift, zumal es auch nur wenige Schriftschnitte mit gelungener kursiver Typografie gibt.

DAS SCHRIFTBILD

Um einen optimalen Lesefluss zu erreichen, muss das Schriftbild geschlossen wirken. Sobald zu große Leerräume zwischen den Wörtern, sogenannte „Luftlöcher", innerhalb der Zeilen entstehen, leidet die Lesefreundlichkeit. Luftlöcher lassen sich nur dann vermeiden, wenn das Verhältnis der Spaltenbreite zur Typo stimmt. Es gibt Schriften, die bei einer Spaltenbreite von 54 Millimetern hervorragend laufen und ein geschlossenes Schriftbild ergeben. Setzt man die Spalte schmaler, etwa auf 38 Millimeter, entstehen bei gleicher Schriftwahl unschöne Lücken. Sicherlich lässt sich an der Laufweite noch etwas verändern, aber manchmal stellt sich auch heraus, dass eine an sich gut geeignete Fließtextschrift aufgrund der gewählten Spaltenbreite nicht einzusetzen ist. Das Gleiche gilt für Worttrennungen. Jede Trennung hemmt den Lesefluss, eine gut gewählte Schrift sollte nicht dazu führen, dass in jeder zweiten Zeile eines Fließtextes ein Wort umbricht. Ein geschlossenes Schriftbild ist das A und O eines jeden Magazins, denn sonst ist die Gefahr groß, dass der Leser angestrengt ist und seine Lektüre abbricht.

Das Schriftbild des Fließtextes hängt auch vom Zeilenabstand ab, der sich in der Regel nach den Ober- und Unterlängen der Buchstaben richtet. Je nach Schriftart variiert die sogenannte Typometrie, die Futura zeichnet sich zum Beispiel durch sehr hohe Oberlängen aus. Der Zeilenabstand sollte so gewählt werden, dass sich Kleinbuchstaben wie „g" oder „h" nicht berühren oder überlappen. Genaue Angaben lassen sich nicht machen. Doch auch ein zu großer Abstand beim Fließtext ist nicht unbedingt lesefreundlich, weil dann der Weg in die nächste Zeile für das Auge zu weit entfernt ist. Das hemmt den Lesefluss.

STERN-Reportage:
Die typografische
Stellung der Headline
in Versalien hat die
gleiche Größe und Form
wie der Vorspanntext ...

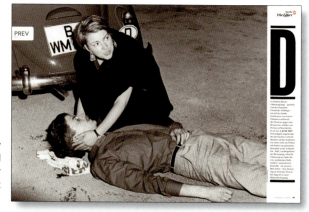

... das dekorativ
gesetzte große Initial
wurde aus der
Headlineschrift
entnommen ...

... und verbindet im
gleichen Stil die Story
auf der nachfolgenden
Seite durch ein
weiteres Initial

DAS INITIAL

Das Initial kommt aus dem Buchdruck und markiert den Textanfang. Es muss in der gleichen Typografie wie die Headline gesetzt werden, denn das Initial ist ein Führungselement. Es soll das Auge von der Überschrift zum Textanfang führen. Dies wird vor allem dann relevant, wenn die Headline räumlich vom Text entfernt platziert wird, etwa bei großen Reportagen. Der STERN eröffnet häufig einen Artikel mit einem doppelseitigen Bildmotiv aus dem Beschnitt, auf dem die Headline platziert ist. Der Fließtext beginnt aber erst auf der nächsten oder übernächsten Doppelseite. Mit dem Initial stellt man eine optische Verbindung zwischen Überschrift und Text her, denn das Auge erkennt interessanterweise die Typo wieder. Häufig sieht man den Fehler, dass das Initial aus der Fließtextschrift gebaut wird. Das ist, um es klar zu sagen, falsch und sollte unbedingt vermieden werden. Außerdem hat das Initial in großer Typo ein schöneres Schriftbild, wenn es aus der gleichen Schrift wie die Headline gebaut wird – anstatt es aus der Fließtextschrift zu entnehmen.

Das Initial ist ein wunderbares grafisches Element. Man kann den Anfangsbuchstaben wie eine Bildeinheit einsetzen und zum Beispiel sehr groß auf einer Seite platzieren. Allerdings eignet sich nicht jeder Buchstabe als Initial. Ein „I", „J", „Q" oder „Y" sollte möglichst nicht als vergrößerter Anfangsbuchstabe vorkommen, weil sich diese Schriftzeichen schlecht in den sich anschließenden Fließtext integrieren lassen. In einer Groteskschrift sieht etwa ein großes „I" entweder wie ein Balken, Strich oder ein klein geschriebenes „L" aus. Auch römische oder arabische Zahlen taugen nicht als Initial. Gleiches gilt für Anführungszeichen. Fließtexte, die mit einem Zitat beginnen, sollte man nicht nur aus diesem Grund möglichst vermeiden. Sie sind auch stilistisch als Texteinstieg nicht geeignet, wie viele Journalisten bestätigen werden. In diesen Fällen ist es ratsam, die Texte entsprechend umzuformulieren.

Der Einsatz des Initials ist variabel: Man kann es in die Spalte integrieren, leicht über die Spaltenhöhe hinausragen lassen oder als freies grafisches Element einsetzen

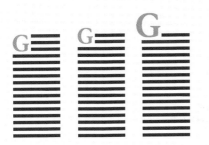

Garamond 100 pt   Times 100 pt   ITC Stone Serif 100 pt

Je nach Schrift variiert die Höhe der Buchstaben,
was Auswirkungen auf das gesamte Schriftbild hat

Weit hinten, hinter den Wortbergen, fern der Länder Vokalien und Konsonantien leben die Blindtexte. Abgeschieden wohnen Sie in Buchstabhausen an der Küste des Semantik, eines großen Sprachozeans. Ein kleines Bächlein namens Duden fließt durch ihren Ort und versorgt sie mit den nötigen Regelialien. Es ist ein paradiesmatisches Land, in dem einem gebratene Satzteile in den Mund fliegen. Nicht einmal von der allmächtigen Interpunktion werden die Blindtexte beherrscht – ein geradezu unorthographisches Leben. Eines Tages aber beschloß eine kleine Zeile Blindtext, ihr Name war Lorem Ipsum, hinaus zu gehen in die weite Grammatik. Der große Oxmox riet ihr davon ab, da es dort wimmele von bösen Kommata, wilden Fragezeichen und hinterhältigen Semikoli, doch das Blindtextchen ließ sich nicht beirren. Es packte seine sieben Versalien, schob sich sein Initial in den Gürtel und machte sich auf den Weg. Als es die ersten Hügel des Kursivgebirges erklommen hatte, warf es einen letzten Blick zurück auf die Skyline seiner Heimatstadt Buchstabhausen, die Headline von Alphabetdorf und die Subline seiner eigenen Straße, der Zeilengasse. Wehmütig lief ihm eine rhetorische Frage über die Wange, dann setzte es seinen Weg fort. Unterwegs traf es eine Copy. Die Copy warnte das Blindtextchen, da, wo herkäme wäre sie zigmal umgeschrieben worden und alles, was von ihrem Ursprung noch übrig wäre, sei das Wort „und".

Garamond 5/7 *

Weit hinten, hinter den Wortbergen, fern der Länder Vokalien und Konsonantien leben die Blindtexte. Abgeschieden wohnen Sie in Buchstabhausen an der Küste des Semantik, eines großen Sprachozeans. Ein kleines Bächlein namens Duden fließt durch ihren Ort und versorgt sie mit den nötigen Regelialien. Es ist ein paradiesmatisches Land, in dem einem gebratene Satzteile in den Mund fliegen. Nicht einmal von der allmächtigen Interpunktion werden die Blindtexte beherrscht – ein geradezu unorthographisches Leben. Eines Tages aber beschloß eine kleine Zeile Blindtext, ihr Name war Lorem Ipsum, hinaus zu gehen in die weite Grammatik. Der große Oxmox riet ihr davon ab, da es dort wimmele von bösen Kommata, wilden Fragezeichen und hinterhältigen Semikoli, doch das Blindtextchen ließ sich nicht beirren. Es packte seine sieben Versalien, schob sich sein Initial in den Gürtel und machte sich auf den Weg. Als es die ersten Hügel des Kursivgebirges erklommen hatte, warf es einen letzten Blick zurück auf die Skyline seiner Heimatstadt Buchstabhausen, die Headline von Alphabetdorf und die Subline seiner eigenen Straße, der Zeilengasse. Wehmütig lief ihm eine rhetorische Frage über die Wange, dann setzte es seinen Weg fort. Unterwegs traf es eine Copy. Die Copy warnte das Blindtextchen, da, wo herkäme wäre sie zigmal umgeschrieben worden und alles, was von ihrem Ursprung noch übrig wäre, sei das Wort „und".

Times 5/7*

Weit hinten, hinter den Wortbergen, fern der Länder Vokalien und Konsonantien leben die Blindtexte. Abgeschieden wohnen Sie in Buchstabhausen an der Küste des Semantik, eines großen Sprachozeans. Ein kleines Bächlein namens Duden fließt durch ihren Ort und versorgt sie mit den nötigen Regelialien. Es ist ein paradiesmatisches Land, in dem einem gebratene Satzteile in den Mund fliegen. Nicht einmal von der allmächtigen Interpunktion werden die Blindtexte beherrscht – ein geradezu unorthographisches Leben. Eines Tages aber beschloß eine kleine Zeile Blindtext, ihr Name war Lorem Ipsum, hinaus zu gehen in die weite Grammatik. Der große Oxmox riet ihr davon ab, da es dort wimmele von bösen Kommata, wilden Fragezeichen und hinterhältigen Semikoli, doch das Blindtextchen ließ sich nicht beirren. Es packte seine sieben Versalien, schob sich sein Initial in den Gürtel und machte sich auf den Weg. Als es die ersten Hügel des Kursivgebirges erklommen hatte, warf es einen letzten Blick zurück auf die Skyline seiner Heimatstadt Buchstabhausen, die Headline von Alphabetdorf und die Subline seiner eigenen Straße, der Zeilengasse. Wehmütig lief ihm eine rhetorische Frage über die Wange, dann setzte es seinen Weg fort. Unterwegs traf es eine Copy. Die Copy warnte das Blindtextchen, da, wo herkäme wäre sie zigmal umgeschrieben worden und alles, was von ihrem Ursprung noch übrig wäre, sei das Wort „und".

ITC Stone Serif 5/7*

*Die Typo wurde aus Darstellungsgründen stark verkleinert

Sogenannte Seitentitel werden ebenfalls in der gleichen Typografie wie die Headline und das Initial gesetzt. Darunter versteht man kleine zusätzliche Headlines, die nicht nur das Layout optisch auflockern, sondern dem Leser auch inhaltlich eine Orientierung geben. Seitentitel kann man einsetzen, um längere Artkel, die sich über mehrere Seiten erstrecken, visuell miteinander zu verbinden.

Welche Schriften eignen sich für die Magazingestaltung?

Diese Frage lässt sich so nicht beantworten. Denn die Wahl der Fließtextschrift hängt vom Genre des Heftes, Format, Satzspiegel und von der Spaltenbreite ab. Auch Papier- und Druckqualität spielen eine Rolle. Selbst große Verlage haben schon bei der Schrift falsche Entscheidungen getroffen. Ich kann mich erinnern, dass der STERN nach einem Relaunch mit einer neuen Schrift erschienen ist, die extrem leseunfreundlich war. Eine Ausgabe später ist das Magazin wieder zu der vertrauten Fließtextschrift zurückgekehrt. Eine Leseschrift zu verändern, ist immer mit einem Risiko verbunden. Es kann passieren, dass man mit einem Schriftwechsel viele Leser verliert.

Die Frage nach der idealen Schriftgröße lässt sich nicht eindeutig beantworten, weil jede Schrift eine unterschiedliche Höhe besitzt. Früher, als ich noch bei der QUICK gearbeitet habe, wurde eine Fließtextschrift mit einer Größe von 8 Punkt verwendet, heute sieht man in sehr vielen Zeitschriften Lauftexte mit bis zu 11 Punkt. Eine Helvetica beispielsweise lässt sich auch heute noch in einem kleineren Schriftgrad verwenden, weil sie ein sehr klares Schriftbild besitzt.

Um sich die Entscheidung für die Schrift leichter zu machen, empfehle ich, zunächst eine Vorauswahl von drei Schriften zu treffen (siehe links). Diese werden auf eine Seite in drei Spalten nebeneinander gesetzt. Die Spalten sollten exakt der Breite des Magazins entsprechen. In jede Spalte lässt man anschließend denselben Text einfließen. Dabei sollte es sich möglichst um einen Originaltext handeln. Blindtexte oder fremdsprachliche Texte geben ein anderes Schriftbild. Dann druckt man das Ergebnis aus und startet eine

Headline | 1 Die Headlineschrift kann je nach Thematik variieren. Das Initial sollte immer aus der gleichen Typo gewählt werden

Vorspann / Subline | 2 Eine zweite Schrift benötigt man für den Vorspann, die auch in kleinerer Punktgröße für Bildunterschriften verwendet werden kann

Brotschrift / Fließtext | 3 Die gewählte Brotschrift ist entscheidend für das Gesamtbild des Magazins

Bildunterschrift (BU) | 4 Um die Verwendung zu vieler Schriften zu vermeiden, kann man die BUs etwas kleiner in der gleichen Typo wie beim Vorspann benutzen

Infokasten | 5 Der Schriftstil sollte sich von der Brotschrift abheben. Empfehlung: Eine Groteskschrift liest sich bei kurzen Texten besser

redaktionsinterne Umfrage. Jeder Mitarbeiter soll sich für eine der drei Schriften entscheiden, nachdem er die drei Texte einmal abends bei Lampenlicht und einmal morgens bei Tageslicht gelesen hat. Wenn sich anhand dieses Tests eine Mehrheit abzeichnet, ist man der Lösung des Problems schon etwas näher gekommen.

Wie viele Schriften verträgt ein Magazin?

Für eine Zeitschrift sollte man nicht zu viele, aber auch nicht zu wenige Schriftarten verwenden. Stehen beispielsweise sieben verschiedene Stile auf einer Seite, wirkt sie überladen und unruhig. Arbeitet man jedoch mit nur einer Schrift, kann die Seite zu eintönig wirken. Zudem lassen sich unterschiedliche Textinformationen nicht typografisch voneinander abheben. In der Regel reichen drei verschiedene Schriften aus: eine für die Headline, eine zweite in verschiedenen Punktgrößen für Vorspänne und Bildunterschriften und eine dritte für den Fließtext.

Dabei ist zu beachten, dass typografisch durchaus unterschiedliche Überschriften auf das gesamte Heft verteilt werden können, da die Headline ein relativ freies grafisches Element ist. Mit ihr kann man eine Thematik sowohl stilistisch wie auch inhaltlich umsetzen. Handelt es sich beispielsweise um ein romantisches Thema, könnte man sich gut eine geschwungene Typografie vorstellen.

Eine zweite Schrift benötigt man für Vorspänne und Bildunterschriften. Diese sollten sich vom Fließtext, der in der letzten der drei Schriften gesetzt ist, unbedingt unterscheiden. Vorspänne werden in etwas größerer Typo verwendet als Bildtexte, deswegen kann man bei der gleichen Schrift bleiben. Gegebenenfalls kann dann noch eine vierte Schrift für Kästen eingeführt werden. Denn auch ein Kasten sollte nicht die gleiche Typo wie die Leseschrift haben. Da viele Schriften über verschiedene Schnitte verfügen, kann man für Kästen eine schmalere Schriftvariante (condensed) wählen.

Die Fließtextschrift sollte eine hohe Lesefreundlichkeit bieten. Dazu gehört ein geschlossenes Schriftbild, das man nur erreichen kann, wenn die Typografie in gutem Verhältnis zur Spaltenbreite steht.

Die Headline ist typografisch ungeschickt umgesetzt: Auf den ersten Blick liest man nur „Pack warm ein", was keine sinnvolle Formulierung ist

Der Inhalt wurde typografisch sehr gut umgesetzt. Die Headline erscheint als eine in sich geschlossene Einheit

Braucht man heutzutage noch Schriftmusterbücher?

Ein Schriftmusterbuch enthält Proben verschiedener Druckschriften. Es stammt aus einer Zeit, als Magazine noch analog produziert wurden, also vor der Entwicklung des Digitaldruckes. Ich persönlich schlage immer noch gern in Schriftmusterbüchern nach, wenn ich an einer Neuentwicklung oder einem Relaunch arbeite und eine geeignete Schrift suche. Der Vorteil liegt auf der Hand: Man kann das jeweilige Schriftbild gedruckt sehen. Am Bildschirm wirkt eine Schrift immer anders als auf Papier. Da die Schriften heutzutage meist nur noch digitalisiert vorliegen, rate ich dazu, als Alternative zu den Schriftmusterbüchern die einzelnen Schriftfamilien, die regelmäßig verwendet werden, auszudrucken. Auf diese Weise kann man sich selbst eine Art Schriftmusterbuch anlegen und beständig erweitern. Es ist und bleibt ein gutes Hilfsmittel für Grafiker im Berufsalltag.

Wie lässt sich mit Typografie journalistisch spielen?

Durch die typografische Stellung ist die Abfolge der Wörter unklar. Das verwirrt und stört den Lesefluss

Typografisch interessante Wort- und Sprachspiele lassen sich nur dann realisieren, wenn Grafiker und Journalisten eng zusammenarbeiten. Wenn der Redakteur eine spannende Überschrift formuliert und der Gestalter in Kenntnis des Artikels dazu eine Idee entwickelt, wie er die Headline typografisch einfallsreich umsetzen kann, dann entsteht ein Typografiespiel, das eine überraschende Wirkung beim Leser erzeugt. Dieser Effekt lässt sich am besten an einem Beispiel erklären (siehe linke Seite): Die Headline „Fische können nicht weinen" macht inhaltlich neugierig. Durch die Wahl der größeren Typo in Versalien für die Worte „Fische" und „weinen" wird der journalistische Inhalt der Überschrift verstärkt. Er wirkt noch provokativer. Denn beim schnellen Durchblättern oder auf den ersten Blick dominieren diese beiden Begriffe. Die Wahrnehmung des Lesers wird durch die Typo beeinflusst. Man liest zunächst „Fische weinen" und ist verblüfft.

Sozialversicherung

Beispiel

Sachverhalt:

Der Arbeitgeber Eisengau AG führt aus wirtschaftlichen Gründen ab dem 1. September 2009 Kurzarbeit ein. Auch Jens Messerschmidt ist von der Kurzarbeit betroffen. Für seine freiwillige Krankenversicherung bei der BKK zahlt Herr Messerschmidt einen monatlichen Beitrag von 547,58 EUR (3.675 EUR x 14,9 %). Herr Messerschmidt entrichtet als sog. Selbstzahler die Krankenversicherungsbeiträge an seine BKK. Jens Messerschmidt erhält ein regelmäßiges monatliches Arbeitsentgelt von 4.100 EUR. Wegen der Kurzarbeit wird seine wöchentliche Arbeitszeit erheblich reduziert. Er erhält nur noch 1.700 EUR als sog. Kurzlohn (Istentgelt).

Herr Messerschmidt steht am 12. Oktober 2009 bei seiner BKK den schriftlichen Antrag, dass ab Beginn der Kurzarbeit (1. September 2009), eine Herabsetzung seiner Beiträge vorgenommen werden soll. Die BKK weist den im Rahmen der Beitragsverfahrensgrundsätze für Selbstzahler die entsprechende Ausnahmeregelung an. So werden die Beiträge nach dem Beitrag bemessen, der für einen krankenversicherungspflichtigen Arbeitnehmer als beitragspflichtige Einnahme heranzuziehen wäre. Somit werden die Beiträge für seine freiwillige Krankenversicherung nun von dem tatsächlichen Arbeitsentgelt zuzüglich 80 % des Unterschiedsbetrages zwischen dem Sollentgelt und dem Istentgelt unter der Voraussetzung erhoben, dass insgesamt die monatliche Beitragsbemessungsgrenze in der Krankenversicherung von aktuell 3.675 EUR unterschritten wird.

Beurteilung:

monatliches Arbeitsentgelt (Sollentgelt)	4.100 EUR
Kurzlohn (Istentgelt)	1.700 EUR
Unterschiedsbetrag (Sollentgelt – Istentgelt) x 80 % = (4.100 EUR – 1.700 EUR) x 80 % =	1.920 EUR

Das Istentgelt (1.700 EUR) und 80 % des Unterschiedsbetrages (1.920 EUR) unter der monatlichen BBG KV (3.675 EUR) liegen, sind die Voraussetzungen für eine Beitragsminderung erfüllt. Ab dem 1. September 2009 hat der Arbeitgeber folgenden Beitragszuschuss für die freiwillige Krankenversicherung von Herrn Messerschmidt zu zahlen:

Berechnung des Beitragszuschusses

Kurzlohn (tatsächliches Arbeitsentgelt) darauf entfallender Beitragszuschuss (7,0 % von 1.700 EUR)	1.700,00 EUR 119,00 EUR
80 %, des Unterschiedsbetrags zwischen Sollentgelt und Istentgelt (4.100 EUR – 1.700 EUR = 2.400 EUR x 80 % = 1.920 EUR) darauf entfallender Beitragszuschuss (7,45 % v. 1.920 EUR)	143,04 EUR
zzgl. eines Betrages in Höhe des Krankenversicherungspflicht vom Arbeitgeber zusätzlich zu tragenden Betrages (7,45 % von 1.920 EUR) Beitragszuschuss insgesamt	**143,04 EUR** **405,08 EUR**

Der monatliche Beitragszuschuss zur freiwilligen Krankenversicherung beträgt 405,08 EUR. Der Betragsanteil von Jens Messerschmidt beträgt 134,30 EUR (7,9 % von 1.700 EUR). Durch den Antrag auf eine Beitragsherabsetzung zahlt Herr Messerschmidt statt seines bisherigen Gesamtbetrags von 539,38 EUR. Ohne den Antrag auf Beitragsreduzierung wäre nach wie vor der Höchstbeitrag (hier: 547,58 EUR) zu zahlen.

Betriebsnummern-Service

Betriebe benötigen für die Meldungen zur Sozialversicherung eine Betriebsnummer. Sie ist ein Ordnungsmerkmal in der Sozialversicherung. Mit der Einstellung des ersten Beschäftigten (400-EUR-Jobber, sozialversicherungspflichtiger Beschäftigter, Auszubildender) ist eine Betriebsnummer erforderlich.

Wo wird eine Betriebsnummer beantragt?

Eine Betriebsnummer kann telefonisch, schriftlich, per Fax oder Mail beim Betriebsnummern-Service der Bundesagentur für Arbeit beantragt werden. Das Antragsformular steht auf der Internetseite der Bundesagentur für Arbeit unter **www.arbeitsagentur.de**.

Der Antrag auf Betriebsnummern-Vergabe kann vom Arbeitgeber selbst oder von seinem Entgeltabrechner gestellt werden. Nach § 5 Absatz 5 Datenerfassungs- und -übermittlungsverordnung (DEÜV) sind dem Betriebsnummern-Service auch Änderungen der Betriebsdaten mitzuteilen. Hierzu zählen der Anschrift, die Wirtschaftsklasse, die Betriebsbezeichnung, der Ansprechpartner oder auch evtl. Betriebsschließungen.

Grundsätzlich vergibt der Betriebsnummern-Service der Bundesagentur für Arbeit der Betriebsnummer.

Kontakt zum Betriebsnummern-Service

Servicezeiten: Mo. bis Fr. von 8.00 bis 18.00 Uhr

Anschrift:
Betriebsnummern-Service der Bundesagentur für Arbeit
Eschberger Weg 68
66121 Saarbrücken
Telefon: 0180 1 664466
Fax: 0681 9884429-1300
E-Mail: betriebsnummernservice@arbeitsagentur.de
Internet: **www.arbeitsagentur.de** > Unternehmen > Sozialversicherung

Studiengebühren sind steuer- und beitragsfrei

Sofern Arbeitnehmer zur beruflichen Weiterbildung ein Studium aufnehmen, wird dies mitunter von den Arbeitgebern gefördert, indem sie die Studiengebühren dokumentieren. Die Arbeitnehmer willigen im Gegenzug in eine Rückzahlungsklausel ein, falls sie das Unternehmen innerhalb einer bestimmten Zeit nach dem Studium verlassen. Bisher hat der Gesetzgeber jetzt auch hier klare Verhältnisse hinsichtlich des Beitragsrechts geschaffen. Auf die Steuerfreiheit folgt Beitragsfreiheit.

Das Gesetz zur Änderung des Vierten Buches Sozialgesetzbuch zur Errichtung einer Versorgungsausgleichskasse und anderer Gesetze wurde am 21. Juli 2009 im Bundesgesetzblatt veröffentlicht. Am Folgetag trat unter anderem eine Erweiterung des Sozialversicherungsentgeltverordnung in Kraft, nach der vom Arbeitgeber getragene oder übernommene Studiengebühren beitragsfrei bleiben, sowie sie steuerrechtlich keinen Arbeitslohn darstellen:

- die Übernahme der Studiengebühren vertraglich geregelt ist und
- eine Rückzahlungsverpflichtung des Studierenden dokumentiert wurde, sofern er das Unternehmen auf eigenen Wunsch innerhalb von zwei Jahren nach Studienabschluss verlässt.

Der Grund dafür, dass sich die Finanzverwaltung hier so ungewohnt großzügig zeigt, dürfte darin bestehen, dass der Arbeitnehmer das Studium nicht nur auf Wunsch des Studiengebühren ohnehin als Werbungskosten geltend machen könnte.

Dokumentation in den Entgeltunterlagen

Geändert wurde auch die Beitragsverfahrensverordnung. Danach ist jetzt auch die Entscheidung der Finanzbehörden, dass die vom Arbeitgeber getragenen oder übernommenen Studiengebühren kein Arbeitslohn im Sinne des Steuerrechts und kein Arbeitsentgelt im Sinne der Sozialversicherung sind, zu den Entgeltunterlagen zu nehmen.

Über diesen Weg will man sichergestellt wissen, dass im Rahmen einer Betriebsprüfung festgestellt werden kann, ob die Voraussetzungen für die Beitragsfreiheit tatsächlich gegeben waren.

Wegfall der Änderungsmeldungen mit den Abgabegründen „60", „61" und „63"

Durch das „Zweite Gesetz zur Änderung des Vierten Buches Sozialgesetzbuch und anderer Gesetze" vom 21. Dezember 2008 (Bundesgesetzblatt Teil I Nummer 64 Seite 2933) entfällt ab dem 1. November 2009 die Verpflichtung der Arbeitgeber, Änderungen personenbezogener Daten in einer Beschäftigten in Form von Änderungsmeldungen an die Einzugsstelle zu übermitteln.

Wann besteht Steuerfreiheit?

Die Finanzverwaltung sieht die übernommenen Studiengebühren nicht als steuerpflichtigen Arbeitslohn an, sofern der Bildungsabschluss im ganz überwiegenden betrieblichen Interesse liegt. Davon ist u.a. mit Beschluss der obersten Finanzbehörden des Bundes und der Länder auszugehen, wenn

- der Arbeitnehmer in einem Ausbildungsverhältnis ist und die Bildungsmaßnahme mindestens teilweise bezahlt wird,

Demzufolge sind von diesem Zeitpunkt an Meldungen mit den Abgabegründen „60", „61" und „63" von den Arbeitgebern nicht mehr zu erstatten. Zukünftig haben Arbeitgeber Änderungen personenbezogener Daten mit der nächsten Jahresmeldung oder Abmeldung mitzuteilen. Denn ab dem 1.11.2009 werden diese Daten direkt von den Meldebehörden der Stadt oder des Kreises (z.B. Einwohnermeldeamt) an die Datenstellen der Deutschen Rentenversicherung Bund übermittelt.

Allerdings wird es den Arbeitgebern optional gestattet, auch über den 31. Oktober 2009 hinaus unverändert Meldungen mit den Abgabegründen „60", „61" und „63" vorzunehmen. Denn insbesondere wird das Problem gesehen, dass die künftigen Meldedaten der Meldebehörden bei Änderungen von Auslandsadressen beinhalten.

Neue Sachbezugswerte 2010

Nach einem Verordnungsentwurf des Bundesministeriums für Arbeit und Soziales (BMAS) werden die Sachbezugswerte für das Jahr 2010 nur unerheblich angehoben.

Anhebung der Sachbezugswerte für Mahlzeiten

Die Werte für Verpflegung und Unterkunft werden nach den jeweils zu erwartenden Preissteigerungsraten fortgeschrieben. Der Gesamtsachbezugswert beträgt für 2010 voraussichtlich 419,00 EUR. Der Gesamtsachbezugswert setzt sich dann als Mahlzeiten (2009 = 210,00 EUR) und 204,00 EUR (gleicher Wert wie 2009) für die Unterkunft zusammen.

Die Werte für Verpflegung und Unterkunft sind gleichmäßig an die Entwicklung der Verbraucherpreise anzupassen. Der Verbraucherpreisindex, in dem Zeitraum von Juni 2008 bis Juni 2009 um 0,2 %, gestiegen ist, sieht das BMAS in seinem Entwurf von einer Erhöhung der Sachbezugswerte für Unterkunft oder Mieten ab. Das geht auch für den Quadratmeterpreis zur Verfügung des Mietwerts einer zur Verfügung gestellten Wohnung, wenn sich der Mietwert mit nur außergewöhnlichen Schwierigkeiten ermitteln lässt (gemieteter Wohnraum 3,55 EUR pro m², gemieteter Wohnraum (einfache Wohnung) 2,88 EUR pro m²).

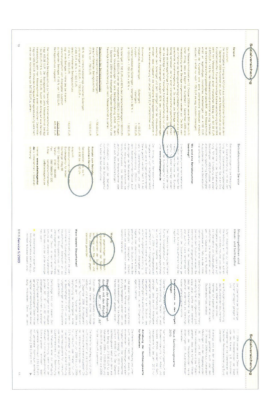

TEST

Was ist nicht gelungen?

- ☐ Heftführung
- ☐ Typografie
- ☐ Spaltenbreite
- ☐ Abhebung von Zusatzinfos
- ☐ Zwischentitel
- ☐ Farbunterlegungen
- ☐ Archivierungszeile
- ☐ Absätze
- ☐ Textumbruch
- ☐ Gesamteindruck

- Die doppelte Heftführung ist überflüssig
- Die Typografie im Kasten hebt sich nicht vom Fließtext ab
- Die Spaltenbreite im Kasten links ist zu breit
- Wichtige Zusatzinfos heben sich nicht genügend ab
- Die Zwischentitel sind unklar und durch unterschiedliche Farbgebungen
- Die Farbunterlegungen sind unschön und zu häufig eingesetzt
- Die Archivierungszeile ist zu groß
- Der Fließtext enthält zu viele Absätze. Das hemmt den Lesefluss
- Falscher Umbruch: Zwischentitel sollen nicht am Spaltenbeginn stehen
- Der Gesamteindruck wirkt wirr und leseunfreundlich

„Das Instrumentarium des geschickt eingesetzten Wechsels eines Spaltensystems ist durchaus geeignet, auf den Charakter des Heftes einzuwirken"

Horst Moser
Designer und Autor

SATZSPIEGEL

Was versteht man unter Lumbecken? Welche Rolle spielt das Heftformat? Was ist eine Schiebespalte? Wie erzielt man einen guten Leseumbruch?

Der Satzspiegel
ist nur ein festgelegter
Raum für
Text und Bild.
Er gibt dem Leser eine
gewisse Ordnung
und strukturiert
das gesamte Heft

Bei KLIMA wurde der Bund nicht berücksichtigt und der Satzspiegel entsprechend falsch berechnet – mit fatalen Folgen: Die Hälfte der abgebildeten Frau in der Mitte (oben) sowie Teile der Headline verschwinden im Bund, ...

.... die Hand von Al Gore ist abgeschnitten (oben) und der Artikel lässt sich kaum lesen (rechts), weil Teile des Fließtextes ebenfalls vom Bruch verschluckt werden.

AUFBAU UND STRUKTUR

Der Aufbau des Satzspiegels hängt vom Magazinformat und von der Art der Heftbindung ab. Bei der Klammer-Rückstichheftung bleibt innen am Bund mehr Raum für die Gestaltung als bei der Klebebindung. Diese Art der Bindung bezeichnet man auch als Lumbecken. Der Begriff geht auf den rheinischen Industriellen Emil Lumbeck (1886-1979) zurück, der als Erfinder der Kaltklebetechnik gilt. Lumbeck war äußerst bibliophil und konnte das Knacken der Bücher beim Aufschlagen nicht mehr ertragen. Er suchte eine neue Methode, um Seiten ohne Faden und Klammern zusammenzuhalten. Bis heute werden Taschenbücher sowie hochwertige Magazine und Bookazines gelumbeckt. Je nach Seitenzahl variiert die Dicke des Buchrückens und dementsprechend die Breite des Bundes im Heftinneren.

Deshalb muss der Grafiker wissen, mit welchem Verfahren das Magazin später gebunden wird, um die Maße bei der Konzeption des Satzspiegels berücksichtigen zu können. Beim Lumbecken muss er je nach Dicke des Magazins zirka 1,5 Zentimeter im Bund berücksichtigen. Bei gehefteten Magazinen wie DER SPIEGEL ist es bedeutend weniger. Je nach Bindung muss der Satzspiegel also anders angelegt werden. Es ist in der Verlagspraxis tatsächlich schon vorgekommen, dass Grafiker den Satzspiegel falsch berechnet haben – mit fatalen Folgen. Die Texte sind nicht mehr lesbar, weil Teile der Zeilen in den Bund laufen. Ein Fotomotiv, das über die Falz gezogen wird, wirkt optisch zerstört, weil wichtige Bildelemente ebenfalls im Bund verschwinden, wie es den Blattmachern des Magazins KLIMA passiert ist.

Es gibt eine Möglichkeit, um diesen groben Fehler zu vermeiden. Man platziert das Bildmotiv zweimal und verschiebt die jeweiligen Hälften der beiden gesetzten Fotos leicht nach links beziehungsweise nach rechts, um so eine geringfügige Doppelung im Bund zu erreichen. Das sieht am Bildschirm zwar eigenartig aus, führt aber dazu, dass in der gedruckten Ausgabe die Doppelung im Bund verschwindet und das Foto als Ganzes erscheint.

Früher war es in vielen Zeitschriften üblich, Fließtexte in vier Spalten zu setzen. Heutzutage ist man zunehmend davon abgekommen. Den meisten Magazinen liegt ein dreispaltiges

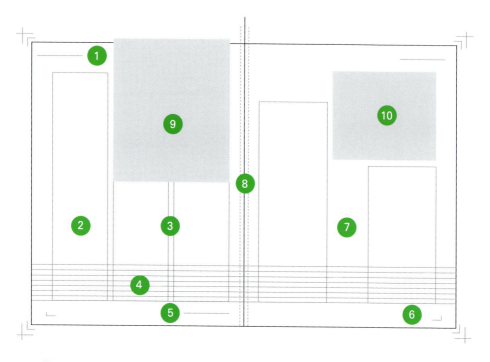

1 Gängige Platzierung für die Heftführung, auch Rubrizierung genannt

2 Beim Standardformat beträgt die Spaltenbreite in Bezug auf das Standardformat 54-58 mm

3 Der Spaltenabstand beträgt bei einer Dreispaltigkeit 5-6 mm

4 Das Grundlinienraster richtet sich nach der gewählten Schrift

5 Gewohnte Platzierung der Archivierungszeile. Sie sollte nicht zu groß gesetzt werden

6 Häufige Stellung der Paginierung, auch Seitennummerierung genannt

7 Einsatz einer Schiebespalte bei einer Zweispaltigkeit

8 Der Abstand des Spaltenrandes zum Bund beträgt je nach Umfang 12-15 mm

9 Mögliche Platzierung eines hochformatigen Bildmotivs aus dem Beschnitt

10 Platzierung eines querformatigen Bildmotivs im Satzspiegel

Raster zugrunde, weil das gesamte Layout dann großzügiger wirkt. Bei einer Vierspaltigkeit entsteht schnell der Eindruck einer Bleiwüste. Eine weitere Möglichkeit ist ein zweispaltiges Layout. Häufig wird eine Dreispaltigkeit auch mit Zweispaltern kombiniert, um dem Leser etwas Abwechslung zu bieten und je nach journalistischer Darstellungsform variieren zu können. Ein Kommentar oder ein Interview kann gut in zweispaltigem Layout erscheinen, während Reportagen und längere Berichte dreispaltig gesetzt werden. Nur innerhalb eines Artikels sollte die Spaltenbreite nicht wechseln, weil das Auge sich beim Lesen auf eine Breite fokussiert.

Wichtig ist der Abstand zwischen den Spalten, die je nach Anzahl unterschiedlich breit sind. Entsprechend muss auch der Spaltenabstand unterschiedlich groß sein. Bei drei Spalten beträgt der Abstand 0,5 bis maximal 0,6 Zentimeter, bei zwei Spalten liegt der Abstand bei einem Minimum von 0,8 Zentimeter. Das hat mit der menschlichen Wahrnehmung zu tun: Das Auge springt schnell in die nächste Spalte, wenn der Abstand zu gering ist. Der Leser muss sich zu sehr konzentrieren.

> **HINWEIS**
>
> Der Goldene Schnitt für den Aufbau des Satzspiegels eignet sich nicht für jedes Heftformat. Es kann sogar sein, dass er die gestalterische Freiheit zu sehr einschränkt.

Manche Grafiker richten sich beim Aufbau des Satzspiegels nach dem Goldenen Schnitt. Das muss nicht sein. Die harmonisch gesetzten Proportionen, wie sie in der Natur vorkommen, eignen sich nicht für jedes Heftformat. Ausnahmsweise muss man sich hier nicht nach den Regeln richten, die in der Kunst gelten. Im Gegenteil: Der goldene Schnitt schränkt die gestalterische Freiheit meiner Meinung nach zu sehr ein.

Die Breite der Seitenränder richtet sich nach dem Heftformat, der Bindungsart und der gewählten Spaltenbreite. Bei der Klammer-Rückstichheftung kann der Abstand zum Bund geringer ausfallen als der Seitenrand. Je mehr Weißraum man dort lässt, desto besser. Für die oberen und unteren Seitenränder gibt es keine grundsätzlichen Regeln. Man sollte beim unteren Satzspiegelbereich die Paginierung und gegebenenfalls die Archivierungszeile berücksichtigen und im oberen Bereich ausreichend Raum für die Rubrizierungszeile einplanen.

Schusterjunge · Hurenkind

Wenn man den Formsatz zu schmal einsetzt, leidet das Schriftbild. Es entstehen unschöne Zwischenräume oder Sperrungen. Der Charme des Formsatzes geht dadurch verloren

Ein Beispiel für falschen Textumbruch: Der Betrachter liest zuerst die Headline, sucht anschließend den Textanfang, den er dank Initial findet. Sein Auge muss nun über das Bild springen, um weiterzulesen. Von dort ist der Weg zu weit in die zweite obere Spalte

GESTALTERISCHE FREIHEIT

Der Satzspiegel dient dazu, dem Leser eine gewisse Ordnung durch das gesamte Heft zu geben. Diese Struktur bildet aber lediglich die Grundlage für das Layout. Der Satzspiegel ist nur ein festgelegter Raum für Text und Bild. Wenn dieser steht, kann der Gestalter beginnen, mit dem vorgegebenen Raster zu spielen. Er kann Bildformate setzen, die aus dem Beschnitt gehen, Freisteller setzen oder ein Motiv über den Bund ziehen, um nur einige Möglichkeiten aufzuzählen. Es ist Teil der gestalterischen Freiheit, den Satzspiegel bewusst und gekonnt aufzubrechen, um visuell einen Spielraum zu eröffnen oder dramaturgisch einen Spannungsbogen zu erreichen.

Bei allen gestalterischen Spielmöglichkeiten gibt es dennoch einige Regeln, die es zu beachten gilt. Sie betreffen hauptsächlich die Optimierung des Leseflusses. Häufig passen die von den Journalisten und Redakteuren gelieferten Textstücke nicht perfekt ins Layout. Sogenannte Hurenkinder oder Schusterjungen können entstehen. Die Herkunft der beiden Begriffe ist bis heute nicht genau geklärt. Sie stammen aus der Anfangszeit des Buchdruckes, wurden umgangssprachlich von Buchsetzern verwendet und sind bis heute in den Redaktionen gebräuchlich. Als Hurenkind bezeichnet man die letzte Zeile eines Absatzes, die oben als erste Zeile einer neuen Spalte steht. Ein Schusterjunge ist das Pendant dazu: Darunter versteht man die erste Zeile eines neuen Absatzes, die noch als letzte Zeile am Ende einer Spalte erscheint. Auch zwei Zeilen am Anfang oder am Ende einer Spalte sollten vermieden werden. Zur Not muss der Redakteur die Texte auf Zeile kürzen, damit ein Höchstmaß an Lesefreundlichkeit gewährleistet wird. Absätze in Fließtexten sind erwünscht, damit der Leser während der Lektüre Luft holen kann. Zudem gliedern sie längere Texte in einzelne Sinneinheiten. Zu viele Absätze sind allerdings leseunfreundlich, weil sie den Text löchrig erscheinen lassen und den Lesefluss hemmen. Auch in diesen Fällen ist der Redakteur gefragt.

Bei Bildunterschriften hingegen ist der Grafiker gefordert: Steht der Bildtext links neben einem Fotomotiv, sollte die Bildunterschrift rechtsbündig ausgerichtet sein und nach links flattern, damit kein unruhiger Weißraum entsteht. Der

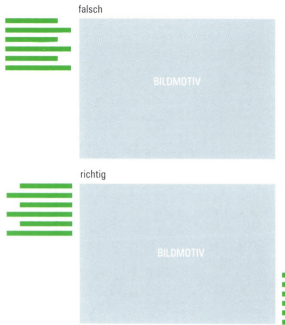

Bildtexte, die flattern, sollten immer bündig zum Bildmotiv gesetzt werden: Steht die BU links vom Bild, wird sie rechtsbündig gestellt, steht sie rechts, wird sie linksbündig ausgerichtet. Somit entsteht eine eindeutige Bildzuordnung

Beim Setzen von zentriert gesetzten Vorspannzeilen gilt die Regel: kurz – lang – kurz – lang. Das erleichtert das Lesen. Nehmen die Zeilen die Form eines Tannenbaums an, ist dies optisch wie auch für die Lesbarkeit nicht von Vorteil. Ausnahme (siehe rechts): Der Text wird als Formsatz gesetzt, um die Augenpartie zu betonen

Bildtext sollte meiner Meinung nach immer zur Bildkante gestellt sein, um eine klare Zuordnung des Textes zum Bild zu gewährleisten und so eine optische Einheit zu bilden. Wird der Text neben das Bild gesetzt, sollte er mit den Bildkanten oben oder unten bündig abschließen – und nicht in die Mitte gesetzt werden.

Auch bei Vorspännen werden häufig Fehler gemacht. Ein Vorspann hat die Aufgabe, mit wenigen Sätzen in die Thematik einzuführen und den Leser neugierig zu machen. Die erste Zeile sollte dabei kürzer als die zweite sein. Es gilt folgende Faustregel beim Setzen von Vorspannzeilen, die übrigens auch für Bildunterschriften gilt: kurz – lang – kurz – lang. Das erleichtert dem Leser den Texteinstieg. Manchmal sieht man auch sogenannte Tannenbäume, die entstehen, wenn ein zentrierter Text pro Zeile immer länger wird, sodass der Vorspann die Form eines Dreiecks annimmt. Das sollte ebenfalls vermieden werden, weil es die Lektüre erschwert, besonders bei Lampenlicht. Allerdings gibt es auch hier eine Ausnahme, die die Regel bestätigt: Wenn man den Text bewusst als Bildform gestalten möchte, kann man auch mit den Textzeilen grafisch spielen und sie – wie in der FINANCIAL TIMES geschehen – in der Form eines Dreiecks setzen.

WEISSRAUM UND SCHIEBESPALTE

Um es vorwegzunehmen: Ich bin ein großer Fan der Schiebespalte. Sie ist ein wunderbares Instrument, um Bewegung ins Layout zu bringen. Unter einer Schiebespalte versteht man nichts anderes als eine flexible Marginalspalte. Die klassische Marginalspalte steht gewöhnlich rechts, sie stammt ursprünglich aus dem Zeitungslayout und wurde später für die Magazingestaltung übernommen. Das Schöne an der Schiebespalte ist, dass sie – wie der Name schon sagt – innerhalb der Textspalten hin- und hergeschoben werden kann. Sie eröffnet damit eine Vielzahl von Gestaltungsmöglichkeiten: Sie kann so breit wie eine Textspalte sein, aber auch schmaler gesetzt werden. Sie kann zentriert, links oder rechts stehen. Und sie kann mit allen nur denkbaren Inhalten gefüllt werden. Sie eignet sich hervorragend für eine Kurzfassung des Haupttextes oder für Zusatzinformationen

Ein schönes Beispiel für den Einsatz einer Schiebespalte:
Auf der linken Seite wurde sie für die zentriert gesetzten Vorspannzeilen genutzt,
auf der rechten Seite für ein weiteres Bild plus Zusatzinfos

Im Gegensatz zur
Marginalspalte (oben), die einen
festen Platz am rechten
oder linken Seitenrand hat, ist die
Schiebespalte verschiebbar.
In dem Zeitungsartikel (rechts)
wurde sie mittig gestellt

wie Zahlen, Fakten oder Kurzporträts. Die Schiebespalte ersetzt Kästen, Farbfonds oder zusätzliche Linien, die das Seitenlayout häufig unruhig erscheinen lassen. Wird sie mit nur wenig Text gefüllt, entsteht Weißraum, den der Leser erfahrungsgemäß schätzt. Man kann zusätzliche Textstücke durch eine andere Typo in der Schiebespalte vom Haupttext abheben oder auch ein Zitat oder Autorenfoto unterbringen. Die Seiten sehen immer klar geordnet und aufgeräumt aus und bieten dennoch Abwechslung. Sogar Vorspänne lassen sich gut in der Schiebespalte platzieren. Man kann sie variabel verwenden oder auch einfach weglassen. Man muss die Schiebespalte nicht auf jeder Doppelseite einsetzen, sondern nur dann, wenn sie inhaltlich Sinn macht und genutzt wird.

HINWEIS

Die Schiebspalte ist ein wunderbares Instrument, um das Seitenlayout aufzulockern. Sie kann beliebig eingesetzt und mit unterschiedlichen Inhalten gefüllt werden.

Sicherlich macht eine Schiebespalte mehr Arbeit für alle Beteiligten. Redakteure müssen die Inhalte liefern, Grafiker müssen die Schiebespalte platzieren. Doch es lohnt sich! Ist sie einmal im Satzspiegel angelegt, kann man sie beliebig einsetzen. Anfangs muss der Layouter beim Aufbau des Satzspiegels genau überlegen, welche Maße sie haben soll. Wenn die Schiebespalte die gleiche Breite wie die Textspalte erhält, ist die Umsetzung einfach. Wird sie so verwendet, ersetzt sie schlicht eine Textspalte. Ein Weißraum ergibt sich von allein. Wird die Schiebespalte schmaler angelegt, ist die Gestaltung ein wenig anspruchsvoller, weil der Satzspiegel, so er dreispaltig konzipiert ist, anders aufgebaut werden muss. Zudem sollte sich die gesetzte Typo vom Fließtext abheben. In beiden Fällen jedoch bleibt sie ein fantastisches Element, um das Seitenlayout abwechslungsreich zu gestalten.

Nicht jedes Heftformat eignet sich für den Einsatz einer Schiebespalte. Deswegen empfiehlt es sich, beim Heftformat eher in der Breite wenige Zentimeter zuzugeben und sich in der Höhe etwas zu beschränken. Auch hier lohnt sich der Blick in die internationale Presse: Am Beispiel einer norwegischen Zeitung im Tabloidformat kann man nachvollziehen, wie man mit der Schiebespalte ein exzellentes Layout aufbauen kann. Die Seite aus BERGENS-TITENDE ist sogar vierspaltig gesetzt und wirkt dennoch nicht überladen.

Schwerpunkt

Versicherungsfreiheit in der Krankenversicherung

Bei der Beurteilung der Versicherungsfreiheit in der Krankenversicherung sind einige Besonderheiten zu beachten.

Arbeitnehmer sind krankenversicherungsfrei, wenn ihr regelmäßiges Jahresarbeitsentgelt die aktuelle Jahresarbeitsentgeltgrenze übersteigt und in den vergangenen drei aufeinanderfolgenden Kalenderjahren die entsprechende Jahresarbeitsentgeltgrenze überschritten hat. Seit dem 1.1.2003 gibt es die allgemeine und die besondere Jahresarbeitsentgeltgrenze.

Für Arbeitnehmer, die am 31. Dezember 2002 wegen Überschreitens der an diesem Tag geltenden Jahresarbeitsentgeltgrenze versicherungsfrei und bei einem privaten Krankenversicherungsunternehmen in einer substitutiven Krankenversicherung (Krankheitskostenvollversicherung) versichert waren, gilt die besondere Jahresarbeitsentgeltgrenze, die an das Niveau der bis zum 31. Dezember 2002 maßgebenden Grenze anknüpft. Sie beläuft sich für das Kalenderjahr 2010 auf 45.000 EUR.

Ob die Voraussetzungen für die Anwendung der besonderen Jahresarbeitsentgeltgrenze vorliegen, hat der Arbeitgeber nicht nur bei der bestehenden Beschäftigungsverhältnissen zum Jahreswechsel zu beachten, sondern insbesondere auch bei Neueinstellungen zu prüfen.

Daher hat der Arbeitgeber bei Neueinstellungen die Anwendung der besonderen Jahresarbeitsentgeltgrenze nur bei einem privaten Krankenversicherungsunternehmen in einer Krankheitskostenvollversicherung versichert war.

Sofern der Arbeitnehmer zu diesem Personenkreis gehört, wird er nicht krankenversicherungspflichtig, wenn sein regelmäßiges Jahresarbeitsentgelt die besondere Jahresarbeitsentgeltgrenze übersteigt und in drei aufeinanderfolgenden Kalenderjahren diese jeweils überschritten hat. Dies gilt selbst dann, wenn der Arbeitnehmer zwischenzeitlich krankenversicherungspflichtig war.

Der Arbeitgeber hat Nachweise (z. B. Bescheinigung des privaten Krankenversicherungsunternehmens über das Bestehen einer privaten Krankheitskostenvollversicherung am 31. Dezember 2002) zu den Entgeltunterlagen zu nehmen.

Für alle anderen Arbeitnehmer gilt die allgemeine Jahresarbeitsentgeltgrenze. Sie beträgt für das Kalenderjahr 2010 49.950 EUR.

Die Versicherungsfreiheit von Arbeitnehmern, die eine Beschäftigung mit einem regelmäßigen Jahresarbeitsentgelt über der Jahresarbeitsentgeltgrenze aufnehmen, tritt grundsätzlich nicht mehr mit sofortiger Wirkung ein. Diese Personen werden zunächst krankenversicherungspflichtig.

Ein Ausscheiden aus der Versicherungspflicht aufgrund der Höhe des Jahresarbeitsentgelts überschreiten der Jahresarbeitsentgeltgrenze in Betracht, sofern dann auch die Grenze des vierten Jahres voraussichtlich überschritten wird. Auch bei Überschreiten der Jahresarbeitsentgeltgrenze durch Entgelterhöhung im Laufe des Beschäftigungsverhältnisses wird das Ausscheiden aus der Versicherungspflicht bis zum Ablauf des dritten Kalenderjahres hinausgeschoben. Versicherungsfreiheit besteht bei Aufnahme einer Beschäftigung aufgrund der Höhe des Jahresarbeitsentgelts von Beginn an, wenn in dem der Beschäftigung vorausgehenden Zeitraum das regelmäßige Jahresarbeitsentgelt in drei aufeinanderfolgenden Kalenderjahren die Jahresarbeitsentgeltgrenze überstie-

gen hat. Weitere Bedingung ist die Überschreitung der aktuellen Jahresarbeitsentgeltgrenze (Zukunftseinschätzung).

Für die Feststellung, ob das regelmäßige Jahresarbeitsentgelt die Jahresarbeitsentgeltgrenze in drei aufeinanderfolgenden Kalenderjahren überschritten hat, sind die in der Vergangenheit liegenden tatsächlichen Verhältnisse maßgebend. Lag das regelmäßige Jahresarbeitsentgelt in drei aufeinanderfolgenden Kalenderjahren oberhalb der Jahresarbeitsentgeltgrenze, wird sowohl für das Ausscheiden aus der Versicherungspflicht zum Ende des dritten Kalenderjahres als auch für den Eintritt der Versicherungsfreiheit bei Aufnahme einer (neuen) Beschäftigung also vorausgesetzt, dass das regelmäßige Jahresarbeitsentgelt die vom Beginn des nächsten Kalenderjahres an geltende Jahresarbeitsentgeltgrenze – bzw. im Falle der Aufnahme einer (neuen) Beschäftigung die aktuell geltende Jahresarbeitsentgeltgrenze – ebenfalls übersteigt. Für diese Feststellung ist das regelmäßige Jahresarbeitsentgelt vom Beginn des nächsten Kalenderjahres an geltende Betrachtungsweise nach den mit hinreichender Wahrscheinlichkeit zu erwartenden Einnahmen zu bestimmen.

Feststellung des regelmäßigen Jahresarbeitsentgelts

Die Feststellung des regelmäßigen Jahresarbeitsentgelts bedarf nicht nur einer vorausschauenden Betrachtung auf Grundlage der gegenwärtigen und bei normalem Verlauf eines Zeitjahres zu erwartenden Einkommensverhältnisse, sondern zusätzlich einer rückschauenden Bewertung siehe Beispiel.

Beispiel

Sachverhalt:
Frau Tornow erhält seit einiger Zeit ein monatliches Entgelt von 3.800 EUR. Zum 1.9.2009 wird sie zur Key-Account-Managerin befördert und erhält ab diesem Zeitpunkt ein monatliches Entgelt von 4.400 EUR.

Regelmäßiges Jahresarbeitsentgelt ab 1.9.2009		
Tatsächliches Jahresarbeitsentgelt im Jahre 2009		
1.1.-31.8.2009	3.800 EUR x 8	30.400 EUR
1.9.-31.12.2009	4.400 EUR x 4	17.600 EUR
		48.000 EUR
Jahresarbeitsentgeltgrenze 2009		48.600 EUR

Beurteilung:
Frau Tornow ist auch über den 31.8.2009 hinaus versicherungspflichtig. Ein Ausscheiden aus der Versicherungspflicht kommt für Frau Tornow frühestens zum 31.12.2012 in Betracht, wenn das tatsächliche regelmäßige Jahresarbeitsentgelt in den Jahren 2010, 2011 und 2012 die jeweilige Jahresarbeitsentgeltgrenze übersteigt. Das Kalenderjahr 2009 kann bei der rückwirkenden Betrachtung, ob das Jahresarbeitsentgelt für das volle Kalenderjahr die entsprechende Jahresarbeitsentgeltgrenze überschritten hat, nicht mit herangezogen werden, da im Jahr 2009 das tatsächliche Jahresarbeitsentgelt von 48.000 EUR erzielt und somit die Jahresarbeitsentgeltgrenze 2009 (48.600 EUR) nicht überschritten wurde.

Für das Ausscheiden aus der Versicherungspflicht zum 31.12.2012 wird ferner verlangt, dass das regelmäßige Jahresarbeitsentgelt – bei zu diesem Zeitpunkt vorausschauender Betrachtungsweise – die für 2013 geltende Jahresarbeitsentgeltgrenze ebenfalls übersteigt.

Schwerpunkt

Beurteilung der Versicherungsfreiheit bei erstmaliger Aufnahme einer Beschäftigung

Arbeitnehmer, die erstmalig eine Beschäftigung aufnehmen oder in einer der Beschäftigungsaufnahme vorangegangenen drei Kalenderjahren nicht beschäftigt waren, sind zunächst unabhängig von der Höhe ihres regelmäßigen Jahresarbeitsentgelts versicherungspflichtig. Dies gilt jedoch nicht, wenn der Versicherungspflicht in der substitutiven Krankenversicherung aufgrund besonderer Vorschriften ausgeschlossen ist. Eine Feststellung des regelmäßigen Jahresarbeitsentgelts ist bei der Aufnahme der Beschäftigung daher in diesen Fällen nicht erforderlich.

Ein Ausscheiden aus der Versicherungspflicht aufgrund der Höhe des Jahresarbeitsentgelts kommt frühestens nach dreimaligem aufeinanderfolgenden Überschreiten der Jahresarbeitsentgeltgrenze in Betracht, vorausgesetzt, das regelmäßige Jahresarbeitsentgelt übersteigt auch die zum Beginn des nächsten Kalenderjahres an geltende Jahresarbeitsentgeltgrenze. Rückwirkende Erhöhungen des Jahresarbeitsentgelts werden dem Kalenderjahr zugerechnet, in dem der Anspruch auf das erhöhte Arbeitsentgelt entstanden ist.

Auf der folgenden Seite haben wir für Sie ein Prüfschema zur Feststellung der Versicherungsfreiheit von Arbeitnehmern erstellt.

Weitere Fragen zu dem Thema beantworten wir Ihnen gerne.

4.400 EUR x 12	52.800 EUR
3.800 EUR x 8	30.400 EUR
4.400 EUR x 4	17.600 EUR
	48.000 EUR
	48.600 EUR

TEST

Was ist nicht gelungen?

- ☐ Heftführung
- ☐ Bildstellung
- ☐ BU-Anordnung
- ☐ Satzspiegel
- ☐ Farbfonds
- ☐ Headline
- ☐ Vorspann
- ☐ Spaltenabstand
- ☐ Typografie
- ☐ Absätze
- ☐ Archivierungszeile
- ☐ Textumbruch

- Doppelte Heftführung ist bei einem zweiseitigen Thema nicht notwendig
- Die Bildmotive müssen durch einen Abstand getrennt sein
- Die BU sollte rechtsbündig und an die untere Bildkante gestellt werden
- Bei diesem Satzspiegel ist der Abstand des Spaltenrands zum Bund zu groß
- Der gelbe Farbfond im Kasten wirkt schmutzig
- Die Headline ist zu lang und bildet eine Treppe zum Text
- Die Vorspannzeilen fehlen
- Die Typografie im Kasten sollte sich vom Fließtext abheben
- Der Fließtext enthält zu viele Absätze
- Die Archivierungszeile ist zu groß
- Am Spaltenanfang sollten keine zwei Zeilen allein oder ein Zwischentitel stehen

143

„Worte und Bilder kommunizieren gemeinsam viel stärker als allein"

William Albert Allard
Pressefotograf

BILDEINSATZ

Was gibt es bei Fotomontagen zu beachten? Wie lässt sich die Wirkung eines Bildmotivs erhöhen? Wann kann man Freisteller einsetzen?

Nahaufnahmen
und ein spannender
Bildausschnitt
verstärken die Wirkung
von Fotografien
und bringen Dynamik
ins Layout.
Die Kunst besteht
darin, Unwichtiges
wegzulassen

Oben: Eine kostengünstige Bildidee, die allerdings etwas Geschick erfordert
Rechts: Eine gut fotografierte Erdbeere kann wesentlich plakativer wirken als ein ganzer Erdbeerkorb

Diese einfache und preisgünstige Bildlösung ist enorm wirkungsvoll.
Schön wäre es gewesen, die Schrift den Rundungen der Milchflaschen anzupassen

INFORMATION ODER PROVOKATION

Die Wahl der Bildmotive prägt das gesamte Innenlayout. Schlägt ein Leser ein Magazin auf, blickt er zuerst auf das Bild, dann auf die Bildunterschrift und anschließend auf die Headline und den Vorspann. Erst danach beginnt er, den Fließtext zu lesen. Bilder wirken also unmittelbarer als Texte. Fotos können ähnlich wie Texte informieren, kommentieren oder provozieren, je nach Bildaussage. Ihre Wirkung sollte nicht unterschätzt werden.

In der Regel gibt es zwei Möglichkeiten, gutes Fotomaterial zu beschaffen. Entweder greift man auf Agenturfotos zurück oder produziert die Bilder selbst. Heute besitzt fast jede Fotoredaktion eine verlagseigene Digitalkamera. Oder man arbeitet mit Haus- oder externen Fotografen zusammen, die man gezielt beauftragt. Das ist vor allem eine Kostenfrage. Ein aufwendiges Fotoshooting beispielsweise für eine Titelgeschichte oder ein Cover ist teuer und kostet erfahrungsgemäß mehr Geld. Preiswerter ist es, auf Agenturmaterial zurückzugreifen. Bei Agenturfotos besteht allerdings die Gefahr, dass die Bildmotive schon in verschiedenen anderen Medien veröffentlicht wurden. Die Bilderwelt ist bereits ausgeschöpft.

Gutes Bildmaterial zu erhalten, ist jedoch auch mit geringem Budget möglich. Die Bildidee ist entscheidend. Ein gutes Beispiel ist eine Seite aus der ZEIT, die in einem Artikel der Rubrik Wissen aus der Headline „Wunden" ein Bildmotiv gezaubert hat, das grandios wirkt. Ein schlichtes Pflaster, das für wenige Cent in der Drogerie zu kaufen ist, kann heutzutage jeder Grafiker oder Bildredakteur selbst in Großaufnahme fotografieren. Die Umsetzung dieser originellen Bildidee erfolgt dann am Computer. Dabei ist technisches Können gefragt, damit die Buchstaben der Headline unter dem abgezogenen Pflaster deckungsgleich fortgesetzt werden. Das kostet so gut wie nichts – man muss nur auf die Idee kommen. Und die kann ein Grafiker nur dann entwickeln, wenn er sich mit der Thematik auseinandersetzt und den dazugehörigen Text liest, bevor er seine Arbeit beginnt. Dieses Beispiel aus der ZEIT ist nur eine Anregung, um zu zeigen, welche enorme Wirkung man mit Ideenreichtum bei der Magazingestaltung erreichen kann.

Auf dieser Doppelseite wurden verschiedene Bildformate richtig eingesetzt

Frech und reizvoll: Der Freisteller aus der finnischen Wochenzeitung PRESSO geht bei diesem Tabloid-Format aus dem Beschnitt

Mutig und elegant: Ein gelungenes Beispiel aus der portugiesischen Wochenzeitung EXPRESSO im Berliner Format

BILDFORMATE

Mit der Variation von Bildformaten kann man Dynamik ins Layout bringen. Deswegen empfiehlt es sich, mit Hoch- und Querformaten zu spielen und gelegentlich auch ein quadratisches Bild einzubauen. Wenn man nur mit gleichen Größen arbeitet, wirken die Seiten zu statisch. Gleiches gilt für Briefmarkenbilder. Die Bildformate müssen nicht immer im Satzspiegel platziert werden. Es ist für das Auge eine Wohltat, wenn man Fotos großzügig setzt und sie auch einmal aus dem Beschnitt gehen lässt. Das bringt Bewegung auf die Seiten. Man kann auch Bilder großformatig über den Bruch/Bund ziehen. Die gestalterische Freiheit ist bei der Wahl des Bildformates relativ uneingeschränkt.

BILDAUSSCHNITTE

Mit einem interessanten Ausschnitt kann man die Wirkung eines Bildmotivs um einiges erhöhen oder auch eine Thematik optisch verdichten. Die Kunst besteht im Weglassen. Geht es zum Beispiel in einem Text um eine drohende Epidemie (siehe Zeitungsartikel links), dann könnte man auch das gesamte Foto der Frau mit Mundschutz zeigen. Die Wirkung bei diesem Bildausschnitt wird dadurch erzielt, dass man nahe genug heranzoomt und auf alles Unwichtige verzichtet. Die Frisur oder der Blusenkragen interessieren nicht – der Fokus liegt auf dem Augenpaar und dem Mundschutz. Weniger ist in diesem Fall mehr.

Ungewöhnliche Ausschnitte und Formate erzeugen Spannung

Dasselbe gilt für die beiden Artikel über Helmut Kohl und Rudolf Scharping. Die schmalen, in Spaltenbreite gesetzten, hochformatigen Bildausschnitte der beiden Politiker im Profil erwecken den Eindruck, als ob sie miteinander sprechen. Das ist ein hervorragendes Beispiel für eine gelungene Bildauswahl, die mehr Spannung erzeugt als das Abbilden schlichter Porträtfotos.

Die Zusammenstellung der Bildfolge ergibt eine klare geschlossene Einheit.
Durch die Abstände kann die jeweilige Bildinformation einzeln aufgenommen werden

Etwas Weißraum zur Abgrenzung der Fotos hätte dieser Bildleiste gutgetan

Auch mit Freistellern kann man Dynamik erzeugen, wie an der Tänzerin des Bolschoi-Balletts zu sehen ist. Das Beispiel stammt aus DER WOCHE, die als erste Zeitung begonnen hat, mit freigestellten Bildmotiven zu spielen. Auch hier wurde bewusst auf alles Unwesentliche verzichtet. Man muss nicht die ganze Bühne zeigen, es genügt, die Tänzerin gewissermaßen über die Textspalten springen zu lassen. Sicherlich eignet sich nicht jedes Motiv für einen Freisteller, aber in diesem Fall ist die optische Umsetzung des Themas sehr gut gelungen.

BILDSTELLUNG

Wie schon mehrfach erwähnt, sollte man viele kleine Bildformate auf einer Seite vermeiden. Sogenannte Briefmarkenbilder haben eine geringe Wirkung und machen eine Seite unruhig. Wenn eine Thematik es erfordert, dennoch mit mehreren kleinen Bildmotiven zu arbeiten, sollte man sie möglichst zu einer Gruppe zusammenfassen, sodass sie gemeinsam eine neue Bildeinheit bilden. In manchen Magazinen ist zu sehen, dass kleine Bilder in Spaltenbreite in die Textspalte eingeklinkt werden. Das ist keine gute Lösung. Die Bilder hemmen den Lesefluss; darüber hinaus kann durch diese Platzierung eine unschöne Treppe oder Leiter entstehen. Am besten zeigt man ein Motiv etwas größer und gruppiert mehrere kleine darunter, sodass eine Einheit entsteht. Die Seite wirkt ruhig, klar und aufgeräumt. Der Leser kann sich zuerst in Ruhe die Bilder ansehen und sich dann auf den Text konzentrieren.

Bei Bildleisten sollte man darauf achten, dass die Bilder zusammenpassen. Unterschiedliche Fotos mit Nah- und Ferneinstellungen nebeneinander sind für das menschliche Auge zu anstrengend. Es muss sich bei dem einen Motiv auf die Ferne einstellen, beim nächsten hingegen wieder ganz nah heranzoomen. Selbst wenn es sich um eine Zusammenstellung geeigneter Bilder handelt, kann es passieren, dass sich einzelne Bildteile miteinander verbinden. Um diese Bildverbindungen zu vermeiden, kann man zur Sicherheit

Bei dieser Bildplatzierung hätte man auf den Bruch achten sollen: Hier ist er ins Auge gegangen!

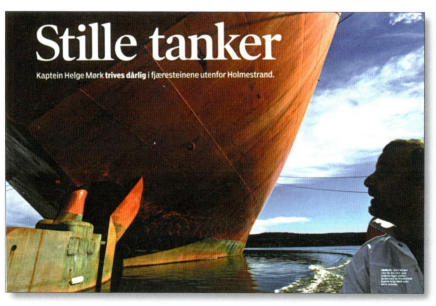

Imposant: doppelseitiger Aufmacher aus der norwegischen Zeitung TONSBERGS BLAD im Tabloid-Format

einen geringen Weißraum lassen, um die Motive voneinander abzugrenzen. Montiert man Fotos direkt aneinander, dann ist Können gefragt. Bildmontagen und -collagen kommen aus der Malerei. Es ist sehr schwer, Fotografien gelungen zusammenzustellen.

Man sollte Bilder nach Möglichkeit niemals schräg stellen, es sei denn, es passt zur Thematik. Will der Grafiker beispielsweise die Anmutung eines aufgeschlagenen Foto- oder Poesiealbums erreichen, dann könnte man sich ausnahmsweise eine Schrägstellung vorstellen.

Ein Grafiker sollte beim Magazinlayout immer in Doppelseiten denken und möglichst nicht jede Seite einzeln gestalten. Dies kann man gut durch die Wahl der Bildformate erreichen. Vorsichtig sollte er allerdings vorgehen, wenn er Bilder in oder über den Bund einer Doppelseite zieht. Man muss bei einer Klebebindung immer bedenken, dass ein Teil des Bildes im Bruch verschwindet. Das kann bei Gesichtern zu unschönen Ergebnissen führen, etwa wenn der Bruch direkt durch das Auge einer Person verläuft (siehe links).

Positive Beispiele finden sich in der internationalen Presse. Das zweiseitige Bildmotiv aus dem norwegischen TONSBERGS BLAD im Tabloid-Format erfüllt alle Kriterien für einen gelungenen Aufmacher: ein hervorragendes Fotomotiv mit einem spannenden Bildausschnitt, das unter Berücksichtigung des Bruchs auch sehr gut platziert wurde. Meiner Meinung nach sollte jedes Magazin mindestens einmal pro Ausgabe dem Leser eine vergleichbare Optik bieten.

Bei den vielen neuen Tabloid-Formaten im Zeitungsbereich, die sich in der internationalen Presse inzwischen stärker durchgesetzt haben als im deutschsprachigen Raum, ist eine magazinähnliche Gestaltung möglich. Da Tabloids ohne Heftung oder Klebebindung auskommen, steht im Mittelteil sogar eine Doppelseite ohne Bruch zur Verfügung, die man fantastisch für große Bildformate nutzen kann. Von diesem imposanten und wirkungsvollen Layoutstil im Tabloidbereich kann man als Magazingestalter nicht nur einiges lernen, sondern sich auch inspirieren lassen.

RATSCHLAG

Ein Grafiker sollte möglichst nicht jede Seite einzeln gestalten, sondern beim Layouten in Doppelseiten denken. Dafür eignen sich auch größere Bildformate.

„Als Gestalter kann man wie ein Regisseur kanalisieren und Impulse geben"

Mike Meiré
Art Director, Künstler,
Designer, Fotograf, Architekt,
Kurator und Herausgeber

SEITENLAYOUT

Wie kann man Seiten optisch miteinander verbinden? Mit welchen Mitteln bekommt man Bewegung ins Layout? Wie viel Farbe braucht ein Magazin? Welches Handwerkszeug ist unverzichtbar?

24 Pu
26 Pu
28 Pu
30Pu

Grafiker und Journalisten müssen die gleiche Sprache sprechen. Die enge Zusammenarbeit ist das A und O für ein gelungenes Layout

Je nach Genre und Inhalt einer Publikation variiert auch der Layoutstil:
Beispiele für größere Reportagen aus den Magazinen DER REPORTER, NOVUM, NIDO und BEEF

SEITENSPIELE

Das Innenlayout eines Magazins hängt sehr stark von der Art der Publikation ab. Es variiert je nach Genre und Inhalt. Eine Architekturzeitschrift wird ganz anders layoutet als etwa ein Nachrichtenmagazin. Deshalb sollte sich nicht nur der Redakteur, sondern auch der Grafiker mit der Publikation, für die er tätig ist, auseinandersetzen. Welche Inhalte sind relevant, wie sieht die Zielgruppe aus und unter welchen Bedingungen wird das jeweilige Magazin produziert?

Auch redaktionelle Zwänge, die es in der Verlagspraxis häufig gibt, können die Arbeit des Layouters beeinflussen. Bekommt ein Grafiker beispielsweise einen Job in einem Verlag mit einer bereits gut eingeführten Marke, wird es für ihn wenig gestalterischen Spielraum geben. Meist steht das Grundraster der einzelnen Magazinteile bereits oder bestimmte Heftstrecken werden immer nach dem gleichen Schema gebaut. Anders verhält es sich bei einem Relaunch oder einer Neuentwicklung. Dort hat der Grafiker mehr Möglichkeiten, seine Kreativität einzubringen. Er kann gegebenenfalls Einfluss nehmen auf den Layoutstil, die Typografie oder auf den Satzspiegel.

> **RATSCHLAG**
>
> Nicht nur Redakteure, sondern auch Grafiker müssen sich mit der Publikation, für die sie arbeiten, intensiv auseinandersetzen. Denn das Innenlayout hängt stark von Genre und Inhalt ab.

Eine weitere Voraussetzung, um gut gestalten zu können, ist die Qualität der Bilder – und diese hängt wiederum von der Bildbeschaffung ab. Auch hier variieren die Rahmenbedingungen. Wie groß ist das Budget für Fotomaterial? Wie ist der Verlag redaktionell ausgestattet? Gibt es eine eigene Fotoredaktion? Kann man Fotografen gezielt beauftragen? Vielleicht gibt es Illustratoren, mit denen man zusammenarbeiten kann, oder Infografiker.

Ein weiterer Aspekt betrifft die redaktionellen Abläufe. Wartet der Grafiker zunächst auf die Fertigstellung des Textes, bevor er mit der Gestaltung der Seiten beginnt, dann spricht man von „Text vor Layout". Im umgekehrten Fall entwirft der Grafiker das komplette Seitenlayout mit Blindtext, der später dann mit journalistischen Inhalten gefüllt und von Redakteuren auf Zeile gesetzt wird. Diese Variante wird auch „Layout vor Text" genannt. Ideal ist es selbstverständlich, wenn dem Grafiker

Übersicht schafft ein gutes Layout

Der Schweizer Ursus Wehrli hat mit seinem Buch „Kunst aufräumen" Ordnung in die Kunstwelt gebracht. Er zerlegt Werke in ihre Bestandteile und stapelt sie auf kleinstem Raum. Mit der Layoutplanung verhält es sich ähnlich (siehe unten)

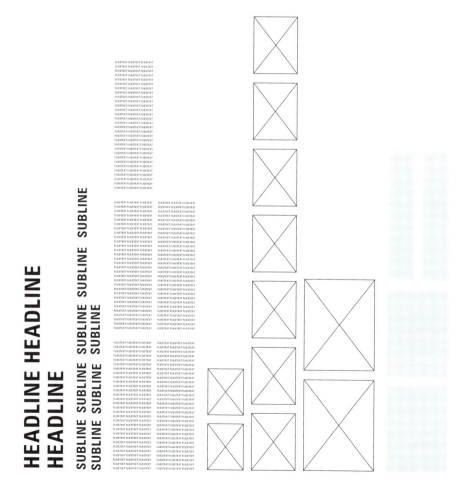

sowohl das Text- als auch das Bildmaterial zur Verfügung steht, bevor er mit der gestalterischen Arbeit beginnt.
Es gibt also eine Vielzahl von Faktoren, die bei der Gestaltung des Seitenlayouts eine Rolle spielen. Das Innenlayout ist ein weites Feld, deshalb ist es schwierig, feste Regeln vorzugeben. Dennoch will ich versuchen, einige grundsätzliche Ratschläge zu geben und etwas aus meiner Erfahrung zu vermitteln. Im Folgenden zeige ich bestimmte Herangehensweisen auf, die dem Grafiker helfen können, ein gelungenes Seitenlayout aufzubauen und mit den Seiten gestalterisch zu spielen. Dabei kommen noch einmal einige Themen zur Sprache, die in den vorangegangenen Kapiteln bereits beleuchtet wurden.

LAYOUTPLANUNG

Geht man im Idealfall davon aus, dass das Bild- und Textmaterial für eine Geschichte vorliegt, liest der Grafiker zunächst einmal den Text, damit er weiß, worum es inhaltlich geht. Fehlt dafür die Zeit, sollte er das Gespräch mit dem verantwortlichen Redakteur suchen, der auch in eigenen Worten erzählen kann, was den Kern des geplanten Artikels ausmacht. Handelt es sich um eine Reportage, einen Hintergrundbericht oder ein Porträt? Ist es ein inhaltlich harter oder weicher Lesestoff? Welche thematische Wirkung soll erzielt werden? Eher unterhaltsam, emotional oder nüchtern distanziert? Anhand der Thematik kann sich der Grafiker schon einmal vorab überlegen, welche Typografie für die Headlines, Zwischenüberschriften und Seitentitel in Frage kommen könnten (siehe Kapitel Typografie, Seite 109). Danach sichtet der Grafiker das Bildmaterial. In der Regel stehen ihm mehr Fotos zur Verfügung als er verwenden kann, selbst wenn eine Bildredaktion bereits eine Vorauswahl getroffen hat. Deshalb lohnt sich im nächsten Schritt der Blick auf den Strukturplan, um abzuklären, wie viel redaktioneller Platz überhaupt dafür eingeplant ist (siehe Kapitel Dramaturgie, Seite 81).
Dann heißt es: Bestandsaufnahme machen. Ich vergleiche dieses Vorgehen gern mit dem des Schweizer Künstlers Ursus Wehrli, der mit seinem Bestseller „Kunst aufräumen" inzwischen auch in Deutschland bekannt ist. Er zerlegt

VORHER:
In diesem vierseitigen Geräte-check geht es um Weinschränke. Der Servicetext enthält neben dem Lesetext Freisteller, Detailfotos und drei Infokästen.

Die Bildgrößen sind im Verhältnis zur Bildinformation konfus gestellt, der Textumbruch ist verwirrend und der blaue Kasten zu massiv. Fazit: Das gesamte Layout wirkt überladen und ungeordnet

NACHHER:
Die Weinschränke wurden auf einen vorgetäuschten Kellerboden nach unten in einer Gruppe zusammenge-stellt, Detailbilder separat gesetzt und ein sinnlicheres Einstiegsbild gewählt

Es wurde eine Schiebespalte eingesetzt, die Kästen etwas leichter gestaltet und kleine Frei-steller zur Auflockerung eingebaut. Fazit: Das Layout wirkt bei gleichbleibendem Textvolumen aufgeräumt

Werke bekannter Künstler wie Joán Miro, Pieter Brueghel oder Vincent van Gogh in ihre Bestandteile und stapelt sie optisch auf kleinstem Raum. Der Rest des ursprünglichen Bildformates bleibt leer. So entstehen neue verspielt-absurde Bilder, die zu einer eigenen Kunstform werden.

Bei der Entwicklung eines Seitenlayouts verhält es sich umgekehrt: Zuerst werden alle in Frage kommenden Bild- und Textelemente „aufgeräumt", bevor sie später gestaltet werden. Ein Beispiel: Ein Grafiker hat eine Reportagestrecke von drei Doppelseiten zu füllen. Der Lauftext nimmt dreieinhalb Spalten ein, Headline und Vorspann benötigen ein gutes Viertel einer Druckseite, dazu kommt vielleicht eine halbseitige Anzeige, die rechts quer platziert werden muss. Stellt man alle Elemente kompakt auf eine Doppelseite, kann man gut abschätzen, wie viel Bildraum auf der gesamten sechsseitigen Strecke bleibt. Alle diese Vorüberlegungen sollten nicht am Computer, sondern auf dem Papier stattfinden. Ich empfehle dringend, eine Entwurfsskizze anzufertigen. Anhand des Scribbles mit dem aufgeräumten Layout lässt sich klären, ob die Textmenge ausreicht, um sie über sechs Seiten zu platzieren.

Des weiteren ist zu prüfen, ob die Bildgrößen ausreichen. Will man einen doppelseitigen Fotoaufmacher setzen, benötigt man ein entsprechend hochaufgelöstes Bild. Zudem kann der Grafiker anhand des Entwurfes darüber nachdenken, welche Spaltenbreite er setzt. Diese kann je nach Geschichte variieren, allerdings nicht innerhalb eines Artikels (siehe Kapitel Satzspiegel, Seite 129).

RATSCHLAG

Die Layoutplanung sollte nicht am PC, sondern auf Papier stattfinden. Dabei ist das Verhältnis von Bild- und Textanteil zu beachten, damit die Fotos mit dem Inhalt korrespondieren.

RAUM FÜR TEXT UND BILD

Ist das Layout vorgeplant, muss sich der Grafiker über die Bildstellung Gedanken machen. Nach Möglichkeit – es gelingt nicht immer – sollten die Fotos passend zum Inhalt des Textes gesetzt werden. Text und Bild sollten also korrespondieren. Auch das Verhältnis zwischen Bild- und Textanteil ist zu beachten. Das hat vor allem etwas mit der Lesererwartung und dem Spannungsbogen (siehe Kapitel Dramaturgie, Seite 81) zu tun.

Eine achtseitige Reportage aus NIDO mit großzügiger Optik und hohem Bildanteil: Mithilfe der Typografie (Initial und Seitentitel) werden die Seiten visuell miteinander verbunden

Bei dieser achtseitigen Geschichte aus der neuen Zeitschrift REPORTER von HÖRZU nimmt der Bildanteil im Verhältnis zur Textmenge langsam ab. Die Strecke wurde farblich und typografisch verbunden

Wenn man bei einer sechsseitigen Reportagestrecke mit einem doppelseitigen Aufmacherfoto aus dem Beschnitt geht, reichen auf der folgenden Doppelseite zwei Miniaturbilder nicht aus. Es ist nicht ratsam, beim Leser durch einen spektakulären Aufmacher eine Erwartungshaltung aufzubauen, die beim Umblättern enttäuscht wird. Die Spannung, die man aufbaut, muss man auch einlösen. Beim Bildeinsatz gilt deshalb Folgendes als Richtschnur: Wählt man bei einer Geschichte, die über sechs Seiten verläuft, auf der ersten Doppelseite einen Bildanteil von 1/1, sollte er auf der zweiten Doppelseite 2/3 betragen und auf der letzten 1/3. Beim STERN ist diese Optik häufig zu beobachten. Eine Geschichte fängt optisch opulent an, danach sinkt der Bildanteil langsam, aber stetig. Die Zeitschrift NIDO geht etwas anders vor: Dort beginnen größere Geschichten ebenfalls mit einem doppelseitigen Aufmacher, darauf folgt ein einseitiges Bild sowie eine reine Textseite, während die dritte Doppelseite wieder mit einem zweiseitigen Aufmacher gefüllt ist. Wichtig ist in jedem Fall, die Spannung für den Leser aufrechtzuerhalten.

Die Platzierung des doppelseitigen Aufmachers ist nicht ganz gelungen. Das Auge der Kuh steht zu nah am Bund

Bei doppelseitigen Aufmachern muss man immer genau überlegen, wo der Bruch oder der Falz verläuft, um zu vermeiden, dass eine wichtige Bildinformation verloren geht (siehe Kapitel Bildeinsatz, Seite 145). Auf der Doppelseite „Rendezvous mit einer robusten Venus" steht das Auge der Kuh fast zu nah am Bruch. Auch die Platzierung der Typografie stellt eine Herausforderung dar. Man sollte die Headline samt Vorspann immer gegen den Schwerpunkt des Bildmotivs setzen, um die Seite ausgewogen zu gestalten. Die Kunst besteht also darin, Text und Bild auszugleichen und das Gewicht so zu halten, damit die Seite nicht kippt.

Headline und Vorspann sind als Kontrapunkt zum Bildmotiv gesetzt. Die Doppelseite wirkt ausgewogen

Noch ein kleiner Tipp am Rande sei erlaubt: Bei ganzseitigen Bildmotiven, die aus dem Beschnitt gehen, sollte man immer eine Bildunterschrift platzieren, um zu signalisieren, dass es sich hier um eine redaktionelle Seite handelt. Lässt man den Bildtext weg, besteht die Gefahr, dass der Leser die Seite als Anzeige wahrnimmt, die in der Regel ebenfalls ganzseitig aus dem Beschnitt geht.

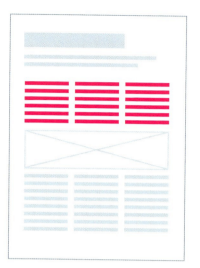
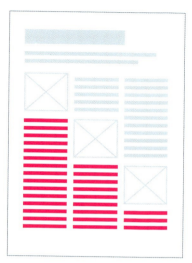

Die gewählte Bildstellung hemmt den Lesefluss. Der rot markierte Text zeigt, wie der Leser bei der Lektüre vorgeht ...

... auch in diesem Fall ist die Bildstellung ungünstig für den Lesefluss. Außerdem entsteht eine unschöne Treppe

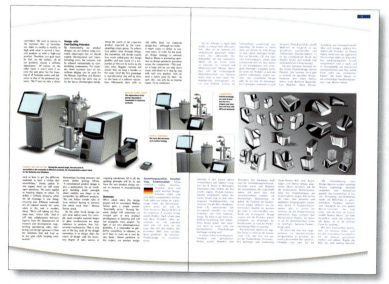

Da zweisprachige Texte in der Länge differieren, wäre es besser gewesen, bei der gewählten Bildplatzierung den deutschen Text nach oben und den englischen Text nach unten zu setzen

Ein weiterer wichtiger Punkt bei der Gestaltung des Innenlayouts ist der Lesefluss, der durch die Bildanordnung nicht gestört werden sollte. Schlägt der Leser ein Magazin auf, erfasst das Auge zuerst das Bild, dann die Bildunterschrift, dann die Headline samt Vorspann – und schließlich, so er interessiert ist, beginnt er den Fließtext zu lesen. Um die Lektüre so angenehm wie möglich zu machen, sollte der Fließtext nicht durch einen falsch gesetzten Seitenumbruch oder eingeklinkte Bilder unterbrochen werden. Werden kleinformatige Bildmotive im Text verteilt, muss das Auge beim Lesen springen. Zudem können Treppen entstehen, die man ebenfalls vermeiden sollte, weil sie den Lesefluss unterbrechen. Besser ist es, Bilder in Gruppen zusammenzustellen, sofern mehrere Motive untergebracht werden sollen (siehe Kapitel Bildeinsatz, Seite 145). Der Vorteil: Die Bilder können wirken und zugleich wird die Lesefreundlichkeit erhöht.

Auch beim Formsatz ist Vorsicht geboten: Fällt dieser zu schmal aus, wie am Beispiel des Artikels mit dem Fragezeichen (siehe Kapitel Satzspiegel, Seite 136) deutlich zu sehen ist, leidet das Schriftbild. Unschöne Luftlöcher entstehen, die ebenfalls den Lesefluss hemmen.

HINWEIS
Um die Lektüre so angenehm wie möglich zu gestalten, sollte man den Fließtext nicht durch einen falsch gesetzten Umbruch oder eingeklinkte Bilder unterbrechen.

Wie kann man Seiten optisch miteinander verbinden?

Damit der Leser einen längeren Artikel, der über mehrere Seiten verläuft, als zusammenhängende Einheit wahrnimmt, sollte man die Seiten optisch miteinander verbinden. Falls der Leser seine Lektüre unterbricht, sollte er schnell dort wieder ansetzen können, wo er aufgehört hat. Eine Möglichkeit besteht darin, die Typografie der Headline auf den Folgeseite wieder aufzugreifen. Dieses kann mit Hilfe von Seitentiteln oder dem Einsatz von Initialen in der selben Typo erreicht werden (siehe Kapitel Typografie, Seite 109). Der Leser erkennt räumlich voneinander getrennte Typo wieder und setzt sie in einen Zusammenhang.

Willy Fleckhaus, Gründer und Art Director der legendären Zeitschrift TWEN, hat längere Bildreportagen häufig mit

Die Seiten der im Negativtext gesetzten STERN-Reportage sind durch das wiederkehrende Element der auf weißem Hintergrund gestellten Steckbriefe optisch gut miteinander verbunden

Beispiel für ein gut aufgebautes Seitenlayout, das durch die Tabelle aufgelockert wird

Spezielle Variante des Formsatzes: Aus dem Lauftext entsteht eine eigene Bildeinheit

wiederkehrenden Elementen versehen. Typisch sind seine extrem großen Initialen, die er eingesetzt hat (siehe Seite 118). Unter anderem hat er damit einen eigenen Layoutstil geprägt, der sich sicherlich nicht für jede Publikation eignet. Dennoch ist das Fleckhaus-Layout aus den 1960er Jahren auch aus heutiger Sicht nach wie vor grandios.
Seitentitel, die typografisch die Überschrift wieder aufnehmen und so eine Verbindung der Seiten herstellen, findet man auch gelegentlich bei großen STERN-Reportagen. Eine weitere Verbindungsmöglichkeit sind wiederkehrende Linien, Farben oder Freisteller, die überdies das Layout auflockern können. Interessant ist auch die Variante, Bilder so anzuschneiden, dass der Leser dazu animiert wird, umzublättern, um dort eine Fortsetzung des Bildmotivs zu entdecken.

Mit welchen Mitteln bringt man Bewegung ins Layout?

Eine der schönsten Möglichkeiten, ein Layout aufzulockern, ist der Einsatz der Schiebespalte (siehe Kapitel Satzspiegel, Seite 139). Sie kann innerhalb der Textspalten an verschiedenen Stellen platziert und unterschiedlich mit Inhalt gefüllt werden. Je nachdem, wie die Schiebespalte genutzt wird, ergibt sich ein Weißraum, der vom Leser immer als angenehm empfunden wird. Sie ist ein hervorragendes Instrument, um eine flexible, dem Inhalt angemessene Gestaltung zu erzielen. Alternativ kann man auch mit anderen Elementen wie Kästen, Freistellern, Piktogrammen, Tabellen, Linien oder Diagrammen arbeiten. Auch herausgestellte Textzitate, sogenannte Einblocker, können längere Textstücke auflockern.
Der Formsatz, bei dem ein freigestelltes Bildmotiv oder ein Einblocker vom Text umflossen wird, kann ebenfalls eine Möglichkeit sein, ein starres Raster aufzubrechen. Er muss allerdings gut gesetzt werden und darf nicht zu schmal sein, damit das Schriftbild geschlossen bleibt, und der Lesefluss nicht zu sehr gestört wird. Eine spezielle Variante des Formsatzes, der selten Anwendung findet, besteht darin, aus dem Lauftext eine Bildeinheit zu kreieren. Das ist anspruchsvoll, kann aber eine überraschende Wirkung haben, wie am Beispiel der Schwangeren aus der ZEIT schön zu sehen ist.

Jacke wie Hose oder Röckchen:
Die Textspalten flattern wie auf einer Wäscheleine
– eine Marginalspalte könnte rechts stehen

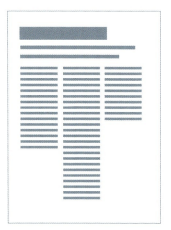

Wäscheleinen-Layout

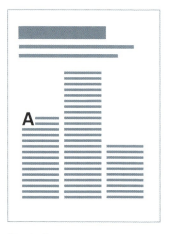

Stapelaufbau

Zur Auflockerung des Layouts wurden die Textspalten im Wäscheleinen-Layout gesetzt

Was versteht man unter einem Wäscheleinen-Layout?

Werden die Textspalten oben am Satzspiegel beginnend in unterschiedlicher Länge gesetzt, spricht man von der sogenannten Wäscheleine, weil die Spalten gewissermaßen wie auf einer Leine hängen und nach unten flattern. Das Pendant dazu ist der sogenannte Stapelaufbau. In diesem Fall stehen die Spalten im Satzspiegel unten auf einer Linie und ragen in verschiedenen Höhen nach oben. Die Zeilen werden im übertragenen Sinne unterschiedlich hoch übereinander gestapelt. Die Textspalten flattern nach oben. In beiden Fällen entsteht automatisch ein Weißraum, der vom Leser als angenehm empfunden wird. Die Seite wirkt lebendig und dennoch aufgeräumt. Das Wäscheleinen-Layout eignet sich beispielsweise sehr gut für Buch- oder Musikrezensionen, also bei Einzeltexten mit unterschiedlichen Zeichenlängen. Das sieht nicht nur gut aus, sondern hat zusätzlich den Vorteil, dass der Redakteur nicht auf Zeile schreiben muss.

EDITORIAL UND VORSCHAU

Leserumfragen haben ergeben, dass das Editorial, auch Intro genannt, die am wenigsten beachtete Seite eines Magazins ist. Deshalb wird auch redaktionsintern viel darüber diskutiert, ob man sie nicht abschaffen könne. Andererseits hat das Editorial eine klare Funktion. Es soll den Leser direkt und persönlich ansprechen und ein wenig Einblick in die redaktionelle Arbeit geben. Die Seite ist gut für die Leser-Blatt-Bindung. Obwohl der Leser die persönliche Ansprache durch den Chefredakteur eigentlich schätzt, wird sie offenbar zu wenig gelesen und wahrgenommen. Vielleicht liegt es daran, dass die Seite häufig eintönig layoutet wird. Dabei gibt es so viele Möglichkeiten, ein Editorial abwechslungsreicher und emotionaler zu gestalten als üblich.

Was das Layout betrifft, ist der Gestalter relativ frei: Das Editorial muss nicht im Satzspiegel gesetzt werden, die Fließtextschrift kann in größerer Typografie erscheinen – und auch das obligatorische Porträtfoto muss nicht sein, und wenn, dann sollte man pro Aussage unterschiedliche Porträts

Das Editorial im alten Layout (oben) war überladen und klassisch mit Passbild gestaltet. Nach dem Relaunch (links) erscheint es frech, luftig und lebendig – bei gleichem Textvolumen

Das Editorial grenzt sich durch den großzügigen Weißraum gut von der Anzeige ab

verwenden. Man kann versuchen, diese Seite komplett neu zu überdenken. Es handelt sich um eine kreative Seite, mit der man den Leser schon zu Beginn überraschen kann, beispielsweise indem man ihm eine unterhaltsame Anekdote aus dem journalistischen Alltag erzählt und sie entsprechend bebildert.

Eine lustige Geschichte spielte sich einmal in der finnischen Redaktion von PRESSO ab. Dort hatte der Chefredakteur die schlechte Angewohnheit, während der Produktion seinen Kaffeebecher überall hinzustellen und dabei kreisrunde Kaffeeflecken auf den Unterlagen seiner Mitarbeiter zu hinterlassen. Kurzerhand landete der Kaffeefleck auf der Editorialseite zusammen mit einem freigestellten Foto des Chefredakteurs – eine interessante Variante zum üblichen Passbild. In einer anderen Publikation wurde ein Fotomotiv des Chefredakteurs ebenfalls freigestellt. Dort sitzt er auf der Kante eines Sofas, was lässiger wirkt als ein strenges Kopfporträt. Dies sind nur einige Anregungen, um zu zeigen, wie man die Seite mit einem einfallsreicheren Layout auch stärker personifizieren kann.

Ein Kaffeefleck als grafisches Element: Das Editorial aus der finnischen Zeitung PRESSO wurde einfallsreich gestaltet

Wichtig ist mir an dieser Stelle zu vermitteln, dass man den gestalterischen Freiraum, den das Editorial bietet, auch nutzen sollte. Man kann mit Freistellern arbeiten, mit wechselnden Motiven, die den Chefredakteur jedes Mal in einer anderen Situation zeigen, man kann Illustrationen verwenden oder ein extrem großes Initial setzen. Spielmöglichkeiten gibt es genug. Der Gestalter sollte jedoch immer daran denken, das Editorial nicht zu überladen und genügend Weißraum zu lassen, um sich von der Anzeige optisch abzugrenzen, die fast immer auf der gegenüberliegenden Seite, der zweiten Umschlagseite (U2), steht.

Gleiches gilt im Übrigen für die Vorschau am Ende eines Magazins. Auch diese Seite steht im Umfeld einer ganzseitigen Anzeige, der dritten Umschlagsseite (U3). Die Vorschauseite kann relativ frei gestaltet werden und dient vor allem der Leser-Blatt-Bindung, indem sie durch die Vorankündigung neuer Themen den Leser dazu animieren soll, auch die nächste Ausgabe zu kaufen.

Die klassisch gebaute
Seite mit Kurzmeldungen aus
einer älteren STERN-Ausgabe
wirkt etwas statisch

In einer neueren STERN-Ausgabe wurden die Kurzmeldungen moderner gestaltet.
Die Zuordnung der Texte zu den Fotos ist klar strukturiert, die Weltkarte dient zur Orientierung

Wie grenzt man redaktionelle Inhalte optisch von Anzeigen ab?

Die Antwort ist relativ einfach: Man lässt möglichst viel Weißraum zur Anzeige. Wie bereits angesprochen, kann man bei frei layouteten Seiten wie dem Editorial die Textspalte so setzen, dass genügend freie Fläche zum Anzeigenumfeld entsteht. Bei normalen Fließtexten, die zum Beispiel dreispaltig gesetzt werden, bekommt man Probleme, wenn eine halbseitige Anzeige im Hochformat platziert werden muss. Am besten ist es, auf zwei Spalten zu verzichten und die verbleibende Spalte um maximal fünf Millimeter zu verbreitern. Das fällt dem Leser nicht auf und stört in der Regel weder Zeilenumbruch noch Lesefluss. So geht auch nicht zu viel Text verloren.
Es ist immer wieder zu sehen, dass Layouter bei halbseitigen, hochformatigen Anzeigen oder bei Eckfeldanzeigen auf die Vierspaltigkeit wechseln. Davon rate ich ab, denn der Fließtext steht dann erfahrungsgemäß immer zu nah an der Anzeige. Die Seite wirkt überladen.
Bildmotive sollte man, wenn die Farbwelt und Optik der Anzeige bekannt ist, möglichst farblich abgrenzen. Doch häufig werden die Anzeigen vom Kunden erst in letzter Minute geliefert. Um sicherzugehen, dass sich die redaktionellen Inhalte von der Anzeige ausreichend abheben, empfiehlt es sich, Fotos nicht zu nah zur Anzeige zu stellen. Das bedeutet: Bei ganzseitigen Anzeigen keine Bilder zum Bruch stellen, sondern lieber dort eine Textspalte setzen. Das Layout wirkt dadurch ruhiger.

KURZMELDUNGEN

Viele Zeitschriften steigen mit kleinteiligen Textseiten ein, was heftdramaturgisch auch sinnvoll ist. Diese Seiten nennen sich gern „Aktuell" oder „News". Sie verlieren zwar langsam an Bedeutung, weil aktuelle Meldungen zunehmend ins Internet wandern, dennoch müssen auch diese Seiten gut layoutet werden, solang es sie noch gibt. Kurzmeldungen sind schwierig umzusetzen, da Bild- und Textinformation gut zueinander stehen müssen. Um einen lesefreundlichen

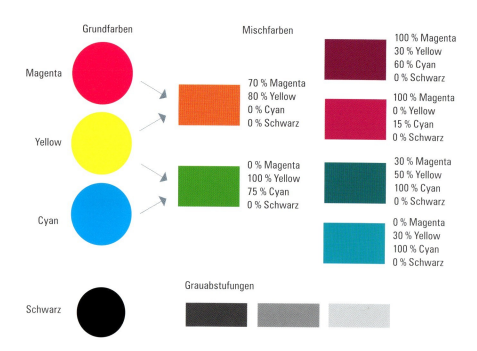

Umbruch zu erreichen, empfiehlt es sich, den gesetzten Spaltenbereich zu verlassen und aus dem durch den Satzspiegel vorgegebenen Raster auszubrechen.

Ob bei Produktvorstellungen, wie sie häufig in Modezeitschriften vorkommen, oder bei Kurzmeldungen gilt folgende Regel, wenn man freier gestaltet: Bei einer Spaltenbreite von 80 Millimeter sollte die Textlänge maximal zehn Zeilen betragen. Zudem empfiehlt es sich, den Text im Flattersatz zu setzen, um die Lesefreundlichkeit zu erhalten. Wie bei Vorspännen gilt auch hier die Regel für die Zeilenlänge: kurz, lang, kurz, lang. Bei großer Spaltenbreite in Kurztexten ist der Blocksatz für das Auge zu anstrengend. Für Fließtexte längerer Artikel empfiehlt sich dagegen der Blocksatz: Er erleichtert die Lektüre, während der Flattersatz als anstrengend empfunden wird.

FARBEINSATZ

Durch die Computergrafik sind heutzutage die Möglichkeiten, Farben in großer Vielfalt einzusetzen, deutlich gestiegen. Einige Grafiker mischen offenbar unbekümmert am Bildschirm Grundfarben, ohne dabei zu bedenken, dass die Farbdarstellung am Bildschirm ganz anders erfolgt als im Druck. Die wenigsten Redaktionen verfügen über kalibrierte Bildschirme, weil sie in der Anschaffung sehr kostspielig sind. Dies wäre aber Voraussetzung, um ein farbgetreues Ergebnis zu erhalten. Die häufigste Darstellung von Farben am PC ist das RGB-Modell, der in der Praxis gängige Vierfarbdruck hingegen basiert auf dem CYMK-Modell. Zwar lassen sich Farben von RGB in CYMK relativ einfach umrechnen, Farbmischungen jedoch können im Druck zu starken Abweichungen führen. Häufig sehen neu gemischte Farben am PC-Bildschirm hervorragend aus, auf dem Papier erscheinen sie unter Umständen schmutzig.

Um solche unschönen Ergebnisse, wie sie in vielen Magazinen zu sehen sind, zu vermeiden, sollte der Grafiker folgendermaßen vorgehen: Für den späteren Vierfarbdruck hat man die drei Grundfarben Magenta, Yellow und Cyan zur Verfügung sowie Schwarz, das man in der Computergrafik als Farbe bezeichnet. Gelb/Yellow und Blau/Cyan lassen sich sehr

Der Einsatz von zu vielen unterschiedlichen Farbfonds kann die Seite zu bunt wirken lassen

Das schöne Aufmacherbild verliert durch die vielen transparenten Textunterlegungen seine Wirkung

gut abschwächen, bei Magenta muss man vorsichtig sein, da der Ton schnell ins Violette abgleiten kann. Bei Schwarz erhält man saubere Grautöne, wenn man die Sättigung etwas reduziert. Das wirkt hochwertig. Ein 100-prozentiges Schwarz wird im Druck kaum mehr verwendet, entweder nimmt man die Farbe etwas zurück oder mischt etwas Cyan hinzu, um den Ton etwas wärmer wirken zu lassen.

Aus den reinen Grundfarben lassen sich neue Farbtöne mischen. Nach Möglichkeit sollte man einen Pantonefächer zur Hand nehmen, der die Farbauswahl erleichtert (siehe Seite 183). Nimmt man 70 Prozent Magenta und 80 Prozent Yellow, so entsteht ein neuer Orangeton, den man bedenkenlos verwenden kann. Schwächt man diesen Ton nun auf 20 oder 30 Prozent ab, um etwa ein ins Pastell gehendes Orange zu erhalten, wird dieser Farbton in den meisten Fällen im Druck schmutzig erscheinen. Je mehr Farben miteinander gemischt werden, desto größer ist die Gefahr, dass der daraus entstandene Ton, so er mit einem schwachem Farbwert benutzt wird, später im Druck nicht den gewünschten Effekt erzielt. Deshalb empfehle ich, abgeschwächte Farbtöne zur Sicherheit immer neu anzulegen. Sind die gewünschten Farben festgelegt, sollten man sie auf einem Bogen zusammenstellen und davon in der Druckerei einen Proof drucken lassen – möglichst auf dem Originalpapier, das später für die Publikation verwendet wird. So kann der Grafiker sicherstellen, dass die Farbtöne auch im Druck sauber erscheinen.

HINWEIS

Negativtext, bei dem weiße Schrift auf dunklem Hintergrund steht, kann bei kurzen Textelementen elegant wirken. Längere Artikel können den Leser jedoch zu sehr anstrengen.

Wie viel Farbe braucht ein Magazin?

Abgeschwächte Farben kommen in Magazinen relativ häufig zum Einsatz, etwa in Form von Farbunterlegungen bei Kästen oder Infografiken. Auch bei Rubrikentiteln (siehe Kapitel Heftführung Seite 91) können Pastelltöne reizvoll sein, wenn beispielsweise mit einem Farbleitsystem gearbeitet wird. Schriften mit schwachem Farbwert können elegant wirken, das Layout wird dadurch leichter.

Zu viel Farbe sollte man allerdings vermeiden. Häufig wirken Seiten mit mehreren Farbfonds überladen. Gelegentlich

sieht man in Publikationen auch Farbverläufe; sie sind aber weitgehend aus der Mode gekommen, was ich persönlich begrüße. Denn Farbverläufe sind nur in den seltensten Fällen gut eingesetzt, etwa wenn man eine Tiefenwirkung erzielen möchte. Ansonsten rate ich davon ab. Ebenso verhält es sich mit transparenten Farbunterlegungen. Meist sind sie dann zu finden, wenn auf einem Bildmotiv kein Platz für Typografie vorhanden ist. Dabei liest sich eine Schrift auf einem durchsichtigen Fonds in der Regel schlecht, deshalb sollte man möglichst auf Transparenzen verzichten.

Welches Handwerkszeug ist unverzichtbar?

Auch wenn viele Aufgaben heutzutage der Computer übernimmt, empfehle ich jedem Grafiker, sich drei Hilfsmittel anzuschaffen: Fadenzähler, Typometer und Pantonefächer. Den Fadenzähler benötigt man, um die Druck- und Bildqualität kontrollieren sowie die Drucktechnik überprüfen zu können. Er wurde ursprünglich in der Weberei eingesetzt, um die Anzahl der Kett- und Schussfäden zu ermitteln – daher auch der Name. Bis heute ist er ein notwendiges Werkzeug zur Qualitätskontrolle im Druckwesen. Das Messgerät, das wie eine Standlupe aussieht, dient beispielsweise dazu, Linienbreiten oder Näpfchen einer Schrift zu kontrollieren.
Als zweites Werkzeug ist das Typometer oder Typomaß zu nennen. Damit lässt sich die Punktgröße einer Schrift ermitteln oder der Zeilenabstand bemessen. Die Kontrolle von Schriftgrößen kann inzwischen auch von Grafikprogrammen erledigt werden, dennoch sollte jeder Grafiker immer ein Typometer zur Hand haben.
Und drittens darf auch ein Pantonefächer nicht fehlen. Er dient der Farbauswahl und ermöglicht die Umrechnung in CYMK. Zudem erleichtert er die Kommunikation mit der Druckerei, denn jede Pantonefarbe, auch Schmuckfarbe genannt, hat eine Nummer. Spricht man über einen gewissen Farbton, ist dieser verbindlich und überall gleich, unabhängig vom jeweiligen Farbempfinden der Beteiligten. Pantonefächer sind aufwendig in der Herstellung und deshalb nicht gerade preiswert, aber jeder, der etwas mit Grafik und Layout zu tun hat, sollte diese Investition nicht scheuen.

„Guter Qualitätsjournalismus braucht Zeit, um sich von der Massenware abzuheben. In der komplexen Welt-Orientierung müssen Widersprüche und Ambivalenzen offengelegt werden. Auch Zeitungen müssen sinnlich gemacht sein, mit schöner Sprache und guter Optik. Print und Online sollte man in ihrer Verschiedenheit belassen"

Giovanni di Lorenzo
Chefredakteur DIE ZEIT

┌   ┐185

└   ┘

AUSSTIEG

Welche Anforderungen werden heute an
Grafiker und Journalisten gestellt?
Wo findet man neue Inspiration? Was kann man
von der internationalen Presse lernen?

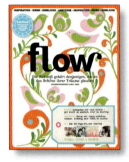

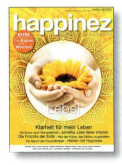

PRINT BEWEGT SICH

Viele Meldungen verkünden das Ende der Printmedien. Das lässt leere Zeitschriftenregale im Handel vermuten. Doch sie sind genauso bestückt wie eh und je.

Ständig entstehen neue Publikationen und alte werden aufgefrischt, obwohl viele Grafiker und Journalisten im Zuge der Medienkrise entlassen werden. Dementsprechend verdoppelt oder verdreifacht sich das Arbeitspensum der verbleibenden Mitarbeiter. Das macht es schwer, einen ausgeruht wirkenden und aussagekräftigen Inhalt zu gestalten, der noch dazu emotional und ideenreich sein soll.

Denn dazu gehört Zeit.
Wollen Printobjekte überleben, müssen sie sich abheben von den schnelllebigen Informationen und Darstellungen im Internet, auf Apps und anderen digitalen Medien. Ich bin davon überzeugt, die Liebe zur Haptik wird noch lange bestehen bleiben, als Erholung von unserem rasanten technischen Zeitalter.

Beim Redesign der zwei größten Publikationen Deutschlands erwartete man große Schritte. Sowohl der STERN als auch DER SPIEGEL sind aber – optisch gesehen – behäbig und nicht gerade überraschend neu konzipiert worden. In dieser sehr zurückhaltenden Veränderung vermute ich die bekannte Angst der Deutschen, Leser zu verlieren. Dabei zeigt die internationale Presse, wie man mit viel Mut und Kreativität neue, und auch wieder junge Käufer gewinnen kann – sogar im Zeitungsbereich.

In Deutschland greifen viele Neuerscheinungen Themen wie „Selbstgestalten", „Landgefühl", „Esoterik" und den zur Zeit so wichtigen Bereich „Gesundheit" auf. Alle Ausgaben sehen sich ähnlich, es entsteht der Eindruck, ein Verlag kopiere beim anderen.

So gesehen gibt es sowohl bei den Relaunchs als auch bei den Neuentwicklungen wenig Überraschendes. Das illustriere ich im Folgenden anhand einiger Beispiele.

2013

erwartete die Medienbranche gespannt den angekündigten Relaunch des STERN. Die erste Ausgabe erschien sogar zum Sonderpreis. Dementsprechend groß war die Erwartung. Nach wie vor ist die Gestaltung optisch solide und vertraut. Überraschendes fehlte jedoch.

„Wir haben versucht einen STERN zu machen, der die vielen, treuen Stammleser ebenso abholt, wie hoffentlich ein paar neue Leser dazu holt, die gern klassisches Print lesen."

Ex-Artdirector Johannes Erler

JANUAR 2013

MÄRZ 2013

Erst beim genauen Hinsehen entdeckte man, dass der Titel-Schriftzug leicht verändert und das gering vergrößerte STERN-Logo in das Ganzcover-Format hineingerückt wurde. Ob dies notwendig war, sei dahingestellt. Die Zusatzthemen sind typografisch klarer aufgestellt. Das Hauptthema wird durch wechselnde Schriftarten nach wie vor optisch unterstützt

2012

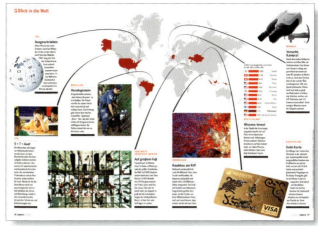

Diese Seite vermisse ich persönlich sehr. Sie wirkte dreidimensional und man erhielt gut zugeordnet kurze Inhalte zu Themen aus aller Welt – passend als Ergänzung zur digitalen Nachrichtenflut

2014

Für Gestalter wie auch für Journalisten sind Nachrichtenseiten eine große Herausforderung geworden, da der Leser heute – sogar bei einer wöchentlichen Magazinerscheinung – alle News bereits in digitalen Medien erfahren hat. Nach einigen Ausgaben änderte der STERN diese Seite noch einmal. Sie wirkt durch gutes Bildmaterial und Infografiken interessant, jedoch ergeben die klein versteckten grafischen Weltkugel-Elemente wenig Sinn

2012

Beim Durchblättern der neu gestalteten Ausgabe des STERN im Mai 2013 (rechts) erinnerte ich mich plötzlich an eine Doppelseite einer älteren Ausgabe von 2012. Zwei ganz unterschiedliche Thematiken, aber dennoch ein passendes, typografisch gut gelöstes Layout

Das klassische Doppelseiten-Layout wirkte häufig textlastig und der vierspaltige Umbruch ohne Zwischentitel war nicht lesefreundlich. Auch das Bildmotiv im Heftfalz ist ungünstig platziert.
Diese nicht gelungene Seite wähle ich bewusst, um noch deutlicher die Veränderungen des STERN-Redesigns zu verdeutlichen

Auch diese Variante zu einer anderen Thematik ist typografisch gelungen. Es wäre schöner gewesen, wenn die unteren Vorspannzeilen im Blocksatz gesetzt worden wären, um die Kreuzform noch klarer zu betonen. Die neue Heftführung wurde dabei gut integriert

Der STERN setzt in seinem neuen Satzspiegel eine Tanzspalte ein – in meinem Buch auch Schiebespalte genannt. Sie bietet Platz für kurze Zusatz-Informationen und lockert das Layout auf. Auf diesen Seiten wird sie leider wenig genutzt. Spaltenlinien werden wieder gern angewandt

2014 erschien DER SPIEGEL im neuen Look. Doch ist neu auch wirklich besser? Auf den ersten Blick ist das Nachrichten-Magazin kaum verändert bis auf eine beeindruckendere Bildsprache. Auch hier erwartete ich mehr. Wieder bestätigt eine Aussage des Artdirektors die Vorsicht der deutschen Printmedien, denn es entstand kein mutiger „Neubau":

„Die Zeitschrift als ein ‚Haus', in dem man sich hinterher wohler fühlen muss als zuvor"
SPIEGEL-Artdirector Uwe C. Beyer

MÄRZ 2012

MAI 2014

Die wöchentliche Neugier auf die Umsetzung des Titelthemas beim SPIEGEL hat – bei mir zumindest – nachgelassen. Einzelne Titelbilder begeistern, viele enttäuschen. Die drei neu platzierten Zusatzthemen stören den Charakter des seinerzeit von meinem Vater sinnvoll eingesetzten Rahmentitels, als Passepartout für gekonnte künstlerische Illustrationen

2012

2014

Nach dem Relaunch wurde die Inhaltsseite nochmals verändert: der dreispaltig gesetzte Text wirkte unübersichtlich und ist aktuell (ohne Abb.) wieder zweispaltig

2011

2014

Gute Infografiken kannte man im SPIEGEL; nach wie vor werden sie in 3-D-betonter Ausführung dargestellt

2013

2014

Bildmaterial wird zum Teil jetzt häufiger randabfallend eingesetzt. Der minimal vergrößerte Satzspiegel mit neuer Heftführung fällt erst beim genauen Hinsehen auf, wie auch die linksbündig gestellte Typografie der Headline-Blöcke

2014 startete der SPRINGER-Konzern ein neues Wirtschaftsmagazin. Am Kiosk musste es sich bisher nicht behaupten, da es zunächst nur der WELT und WELT-Kompakt beigelegt wird. Auf den ersten Blick wirkt die Ausgabe munter, zeigt aber grafisch viele Schwächen, die auch der TAGESSPIEGEL erwähnte:

„Art-Direktoren und Designer durften sich austoben, die Texte werden garniert mit allen möglichen Zutaten, es geht bunt zu im Heft. Selbst in den Artikeln werden immer wieder mal Sätze oder Halbsätze mit Farbe unterlegt. Was soll das?"

DER TAGESSPIEGEL

Wie schon auf Seite 39 erwähnt, sieht man hier erneut, wie ungünstig typografisch ein „L" und ein „A" in Versalien in einem Titel-Schriftzug stehen. Das Zusammentreffen der unteren Serifen stört den weiteren Verlauf des Schriftzugs. Die farblich sehr munter gestellten Zusatzthemen im unteren Bereich des Titels sind gewöhnungsbedürftig und wirken grafisch etwas beruhigt erst bei der vierten Ausgabe (links)

Sogenannte „Buchseiten" zur klaren Gliederung der Heftdramaturgie sind grafisch eine große Herausforderung. Senkrecht gestellte lange Worte sind dafür nicht geeignet. Das große Initial zum Einstieg des Textes sollte als Leseführung mit der Typografie der Headline übereinstimmen

Dieses Seitenlayout ähnelt der oben gezeigten Buchseite so sehr, dass man es mit der Einstiegsseite einer neuen Rubrik verwechselt. Hierbei zeigt sich noch deutlicher, wie wichtig die optische Übereinstimmung von Headline-Typo und Textbeginn ist

Die inzwischen immer häufiger eingesetzte Schiebespalte wird hier sinnvoll für eine Infografik, ein Bild plus Zitat genutzt. Die nach oben gestellte Bildwelt verleiht dem Lesefluss Ruhe. Die drei Initialen als Textunterbrechung ergeben eine Leiter und ein „I" sollte nicht gesetzt werden

Eine Werbekampagne vom Verband der Deutschen Zeitschriften mit farbenfrohen Motiven und originellen Aussagen ist eine Botschaft an die Printwelt

MEHR MUT TÄTE GUT

Die zum Schmunzeln anregende, sehr gelungene Werbekampagne der VDZ ist ein bunter Abschluss meines Leitfadens für Printgestaltung und motiviert hoffentlich die Verlagsbranche, wieder mehr in gedruckte Publikationen zu investieren. Selbst unsere Bundeskanzlerin rief die Medienbranche auf, weniger Kündigungen auszusprechen, um den Qualitäts-Journalismus nicht zu gefährden.

Vielleicht sollten die Verlage mit etwas geringeren Auflagen zufrieden sein. Das schnelle Auswechseln heutzutage der Chefredakteure oder auch der Artdirection ist kostspielig, nicht immer effektiv und führt zu Unruhe im Team. In vielen anderen Ländern sind Mut und Freude am Experimentieren größer, wie die Covergestaltung des NEW YORK TIMES Magazine zeigt.

Um auch die junge Generation wieder für das geschriebene Wort auf Papier zu begeistern, muss sicherlich in der Magazingestaltung mehr Innovation und Ideen-Reichtum entstehen. Das kann nur mit mehr Muße für gemeinsame Kommunikation in den Redaktionen gelingen, die leider in den Verlagen durch den enormen Zeitdruck und die umfangreiche Arbeit am Computer verloren gegangen ist. Nur dann entsteht Kreativität.

„Nischenprodukte" – häufig monothematisch aufgestellt – zeigen gute Ansätze; oft fehlen ihnen die finanziellen Mittel und die Ausdauer, um den harten Vertriebsweg der Magazine zu überleben. Ich bin gespannt, was noch entsteht, wie sich Vertrautes verändern wird und wie viele Publikationen vielleicht unbemerkt aus den Regalen verschwinden werden.

Es ist eine große, aber sehr spannende Herausforderung für den Gestalter.

DAS BERUFSBILD HEUTE

Die Aufgaben des Grafikers haben sich über die Jahrzehnte stark verändert. Heutzutage werden an Grafikdesigner, Layouter und Mediengestalter ganz andere berufliche Anforderungen gestellt als zu dem Zeitpunkt, an dem ich in den Beruf eingestiegen bin. Vor allem die Technik nimmt inzwischen einen viel zu großen Raum ein. Ständig müssen Lösungen für Computerprobleme gesucht und gefunden werden.
Dazu kommen die Einsparungen in den Verlagen. Häufig gibt es keine Foto- oder Bildredaktion mehr. Grafiker und Journalisten sind somit auch mit der Aufgabe der Bildbeschaffung befasst. Teilweise fehlen Hersteller oder Chefs vom Dienst (CvD), deren Aufgaben ebenfalls von Layoutern oder Redakteuren übernommen werden müssen. Bildbearbeitung, Repro oder sogar Textbearbeitungen fallen zuweilen ebenfalls in den Aufgabenbereich der Grafiker.
Damit nicht genug: Alle an einer Publikation Beteiligten stehen ständig unter einem enormen Zeitdruck. Da bleibt wenig Raum für kreative Momente. Ich höre dies immer wieder von meinen ehemaligen Studenten, die nach ihrem Abschluss voller Tatendrang in den Job gehen – und sehr schnell von der Arbeitsrealität enttäuscht werden. Das kreative Potenzial, das junge engagierte Grafikdesigner mitbringen, kann sich häufig gar nicht entfalten. Sie kämpfen mit diffizilen technischen Problemen, statt sich gestalterischen Fragestellungen widmen zu können. Ich bedaure diese Entwicklung sehr.

BLICK IN DIE INTERNATIONALE PRESSE

Schaut man in Länder wie Norwegen, Finnland, Portugal oder die Niederlande, wird schnell deutlich, dass deutsche Verleger die Entwicklungen regelrecht verschlafen. Die internationale Presse, selbst wenn man sie nur europaweit betrachtet, ist im Layoutstil wesentlich mutiger und spannender als hierzulande. Besonders im Bereich der Zeitungen mit Tabloid-Formaten kann man interessante Entdeckungen mit großzügiger Optik sowie ungewöhnlichen Bildausschnitten und -stellungen machen. Was in Deutschland in den

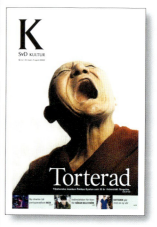

In der internationalen Presse ist der Layoutstil wesentlich mutiger und spannender als im deutschsprachigen Raum. Davon könnten sich Grafiker hierzulande inspirieren lassen.

vergangenen Jahren an neuen Publikationen auf den Markt kam, ist hingegen – abgesehen von vereinzelten Ausnahmen – kaum überraschend. Bei den wenigen Printprodukten, die in diesem Zusammenhang erwähnenswert sind, handelt es sich hauptsächlich um Nischenprodukte wie zum Beispiel DUMMY, QUEST oder EDITION. Oder man findet sie bei hochwertigen Bookazines wie CUT. In der breiten Publikumspresse hingegen fehlt offensichtlich der Mut, den Schritt zu etwas Neuem zu wagen. Zu groß scheint die Angst der Verleger zu sein, die Zielgruppe zu verschrecken oder Leser zu verlieren. Doch gerade in Zeiten der Krise kann man meiner Meinung nach nicht so zögerlich weitermachen wie bisher. Ich hoffe schon seit geraumer Zeit, dass sich im Pressewesen etwas bewegt. Falls tatsächlich mal etwas überraschend Neues auf den Markt kommt, wie etwa BEEF oder NIDO vor ein paar Jahren, wird der Layoutstil innerhalb kürzester Zeit mehrfach kopiert.

Zugegeben: Das Nachahmen einer guten Idee gab es bereits in früheren Zeiten. Ähnlich wie in der Modewelt wiederholen sich auch bei Magazinen und Zeitschriften bestimmte Stile. Es gab beispielsweise Phasen, in denen besondere Schriften, Linien und Fonds angesagt waren. Nach einiger Zeit sind sie verschwunden, um dann ein paar Jahre später wieder aufzutauchen.

Sicherlich könnte man behaupten, dass fast alles schon einmal da gewesen ist und in unregelmäßigen Abständen wieder aufgegriffen wird. Dennoch bin ich der Ansicht, dass die Welt des Layouts noch lange nicht ausgeschöpft ist. Es gibt immer die Chance, aus bestehenden Stilen etwas Neues kreieren. Deswegen kann ich nur jedem Grafiker empfehlen, sich regelmäßig Publikationen aus anderen Ländern anzusehen, um sich davon inspirieren zu lassen. Dort findet man zuweilen tolle Anregungen. Vielleicht können diese dazu verhelfen, dass auch in Deutschland endlich wieder mutiger an Printprodukte herangegangen wird.

EIN
GROSSES
DANKE
STEHT
AM ENDE

NACHWORT

Vor zehn Jahren besuchte ich an der Hamburger Akademie für Publizistik ein Seminar. Das Thema: „Blattmachen". Ich war skeptisch, ob ich als gut ausgebildete Journalistin dort wesentlich Neues lernen könnte. Zu diesem Zeitpunkt hatte ich bereits eine Menge redaktioneller Erfahrungen gesammelt. Ich verantwortete jährlich erscheinende Sonderpublikationen, die hochwertig aussehen und zugleich preiswert produziert werden mussten.
Doch die Dozentin Nikola Wachsmuth belehrte mich eines Besseren. Sie vermittelte ihr Wissen nicht nur mit einer Begeisterung, die ansteckte, sondern hatte jederzeit auch hilfreiche, praxisnahe Lösungsvorschläge zur Hand. Ihr Unterrichtsstil war inspirierend und lehrreich zugleich. Plötzlich begriff ich, wie wichtig fundierte Kenntnisse in Editorial Design gerade für die Redaktionsarbeit sind. Durch dieses Seminar und die Begegnung mit Nikola Wachsmuth begann nicht nur ein fundamentales redaktionelles Umdenken, sondern auch eine wunderbare Freundschaft.
Darauf beruht das vorliegende Buch. Es entstand in intensiver und konstruktiver Zusammenarbeit, die viel Vertrauen erforderte – schließlich durfte ich das gesamte Wissen einer erfahrenen Magazingestalterin zu Papier bringen. Für dieses Vertrauen, liebe Nikola, möchte ich dir vielmals danken. Außerdem bin ich Bernd Ratmeyer und Michael Pöppl zu Dank verpflichtet; sie haben mir viele wertvolle Anregungen gegeben.
Falls sich bei der Lektüre jemand wundert, dass konsequent nur vom Leser, Grafiker und Journalisten die Rede ist: Dies dient lediglich der Lesefreundlichkeit. Selbstverständlich gelten sämtliche Personenbezeichnungen für beide Geschlechter.

Heike Gläser
Berlin, im März 2013

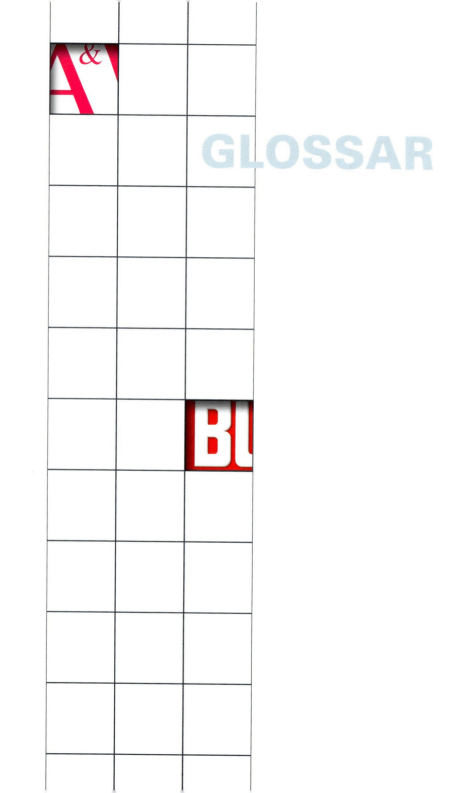

GLOSSAR

Anrissleiste
Begriff aus dem Zeitungsbereich. Sie wird über oder unter den Zeitungskopf gestellt und dient der Ankündigung von Themen aus verschiedenen Ressorts. Sie kann nur Text oder Bilder und Texte enthalten.

Antiquaschrift
Eine Schrift mit –> Serifen, im Gegensatz zur –> Groteskschrift

Archivierungszeile
Sie enthält den Namen sowie Nummer und Jahrgang einer Publikation. Sie steht auf jeder Seite einer Zeitschrift, meist in kleiner –> Punktgröße am unteren Seitenrand. Sie dient als Quellennachweis beim Anfertigen von Kopien.

Aufmacher
Hauptartikel einer Publikation. Das Titelthema wird häufig als Aufmacher bezeichnet, aber auch der optische Einstieg größerer Artikel im Innenteil.

Balkentitel
Gestaltungsform eines Titels. Der obere Teil des –> Covers wird mit einem Farbbalken versehen.

Beschnitt
Auch Anschnitt genannt. Fachbegriff aus dem Druckwesen für den Papierrand. Wenn Hintergründe oder Bilder aus dem Beschnitt gehen, muss eine Zugabe von mindestens drei Millimetern über den Seitenrand hinaus eingerechnet werden.

Bildleiste
Zusammenstellung mehrerer Bildmotive in einer Reihe.

Bildmontage
Zusammenstellung verschiedener Bildmotive zu einer neuen Bildeinheit.

Bildunterschrift (BU)
Auch Bildtext genannt. Wird in der Praxis auch abgekürzt als BU bezeichnet. Dieses Textelement sollte immer in unmittelbarer Nähe zum Bildmotiv platziert werden.

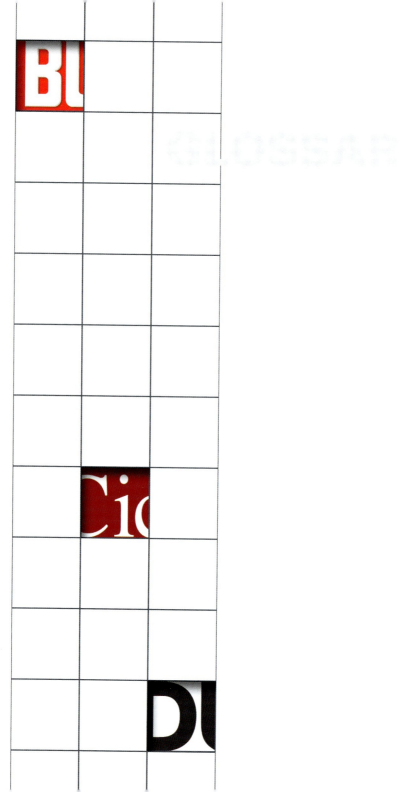

Blocksatz
Text, der in einer Spalte zugleich rechts- und linksbündig ausgerichtet ist. Die Zeilen haben alle die gleiche Länge.

Bookazine
Wortschöpfung aus „Book" und „Magazin". Neudeutsche Bezeichnung für hochwertige Magazine, die einmal pro Quartal, pro Halbjahr oder nur jährlich erscheinen.

Brotschrift
Auch Fließtext genannt. Umgangssprachlicher Begriff der Setzer.

Bruch
Auch Falz oder Falzrand genannt. Im Rohbogen werden die Papierfasern in Laufrichtung gebrochen.

Buchrücken
Nur bei Zeitschriften mit größerem Umfang, die mit einer Klebebindung (–> Lumbecken) versehen sind, entsteht ein Buchrücken, der für Informationen genutzt werden kann. Magazine mit –> Klammer-Rückstichheftung haben keinen Buchrücken.

Buchseite
Begriff aus dem Zeitungsbereich. Zeitungen sind thematisch und drucktechnisch in sogenannte Bücher eingeteilt. Bei Magazinen dienen sie der optischen Gliederung einzelner Rubriken. Man kann sie auch als Kapitelaufmacher bezeichnen.

Cover
Umschlagseite, englische Bezeichnung für Titel.

CYMK-Modell
Bietet die Grundlage für den Vierfarbdruck. Die Abkürzung steht für die Farben Cyan, Yellow, Magenta sowie den Schwarzanteil Key als Farbtiefe. Der Buchstabe K bezieht sich auf Keyplate (Schlüsselplatte) im Druck, an der die drei Grundfarben ausgerichtet werden.

Duktus
Strichstärke und Strichführung einer Schrift, verleiht ihr eine bestimmte Charakteristik.

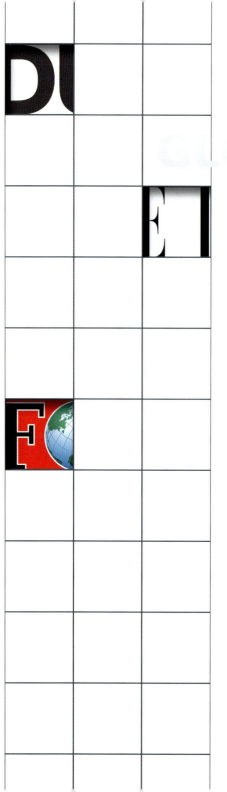

Dummy
Layoutmuster. Beispielhafte Ausgabe einer neu entwickelten Zeitschrift. In der Regel hat das Dummy einen geringen Seitenumfang und enthält Blindtexte. Es dient der optischen Veranschaulichung, etwa um Anzeigenkunden zu werben.

Durchschuss
Begriff aus dem Bleisatz: vertikaler Zwischenraum der Zeilen.

Editorial
Auch Intro oder Vorwort genannt. Bezeichnet die erste redaktionelle Seite eines Magazins. Meist wird es vom Chefredakteur oder Herausgeber verfasst und zur persönlichen Ansprache an den Leser genutzt. Das Editorial dient der Leser-Blatt-Bindung.

Einblocker
Zitate oder Sätze, die in größerer –> Typografie aus dem Fließtext herausgezogen werden.

Fadenzähler
Eine Art Standlupe zur Überprüfung von Schriften. Werkzeug zur Qualitätskontrolle im Druckwesen. Ursprünglich stammt der Fachbegriff aus der Weberei und bezeichnet ein Messgerät, mit dem man die Anzahl von Schuss- und Kettfäden eines Stoffes ermitteln kann.

Falz / Falzrand
Siehe –> Bruch

Farbfond
Farbfläche zur Unterlegung von Textelementen und Kästen. Er kann abgeschwächt oder im Vollton verwendet werden. Wird auch als grafisches Element eingesetzt.

Flappe
Siehe –> Umhefter

Flattersatz
Satzform, bei der die Zeilen unterschiedlich lang auslaufen. Texte können sowohl rechts- als auch linksbündig flattern. Im Gegensatz zum –> Blocksatz.

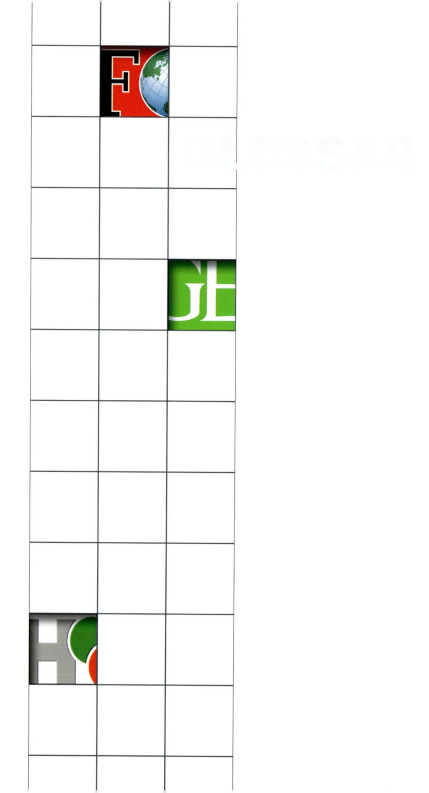

Fließtextschrift
Siehe –> Brotschrift

Flying Page
Siehe –> Umhefter

Formsatz
Auch Kontursatz genannt. Spezielle Methode, bei der ein Text typografisch so gesetzt wird, dass er eine eigene Bildform erhält. Wenn Texte ein Bildmotiv (z.B. einen –> Freisteller oder –> Einblocker) umfließen, spricht man ebenfalls von Formsatz.

Freisteller
Eine vom Hintergrund befreite Fotografie.

Ganz-Cover
Titelgestaltungsform, bei der das Bildmotiv das gesamte –> Cover einnimmt und aus dem –> Beschnitt geht.

Geschuppte Stellung
Vertikal ausgerichtete Platzierung von Zeitschriften und Zeitungen am Kiosk, meist in Ständern.

Gestaffelte Stellung
Horizontal ausgerichtete Platzierung von Zeitschriften am Kiosk, meist in Regalen.

Goldener Schnitt
Harmonisches Seitenverhältnis, das mathematisch berechenbar ist. Die harmonischen Proportionen zwischen Höhen- und Breitenverhältnissen kommen auch in der Natur vor. In der Renaissance galt er in der Bildhauerei und Malerei als Maß für die Schönheit.

Groteskschrift
Schrift ohne Serifen, im Gegensatz zu –> Antiquaschrift

Headline
Englische Bezeichnung für Überschrift

Hologramm
Auch Lenticular oder Wackelbild genannt. Durch ein spezielles

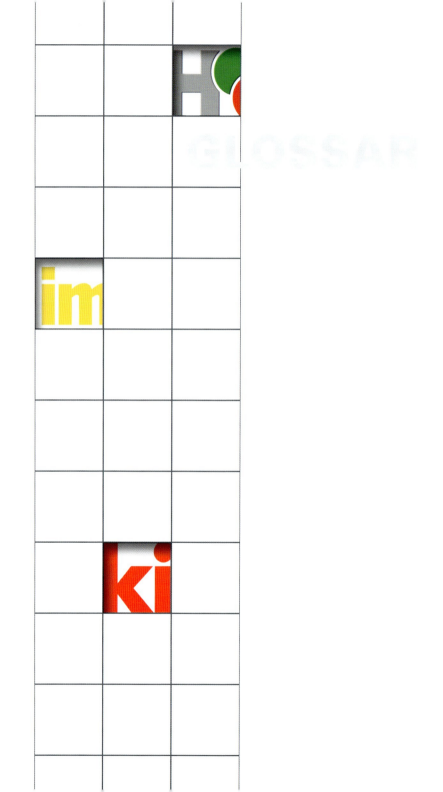

drucktechnisches Verfahren variiert das Bildmotiv je nach Position des Betrachters. Damit lassen sich auch dreidimensionale Effekte erzielen.

Hurenkind
Die letzte Zeile eines Absatzes, die als erste Zeile einer neuen Spalte erscheint. Gilt als grober handwerklicher Fehler. Siehe auch –> Schusterjunge.

Illustrationstitel
Gezeichnetes Titelmotiv

Infografik
Auch Schaubild genannt. Anschauliche grafische Umsetzung und Visualisierung von Fakten und Zahlen beispielsweise in Form von Säulen-, Balken-, Kurven- oder Tortendiagrammen sowie Karten, Organigramme u.ä.

Initial
Vergrößerter oder hervorgehobener Anfangsbuchstabe eines Fließtextes, markiert den Textanfang, kann aber auch als grafisches Element im weiteren Textverlauf eingesetzt werden. Es kommt ursprünglich aus dem Buchdruck und wurde in früheren Zeiten gern ausgeschmückt und verziert.

Intro
Siehe –> Editorial

Klammer-Rückstichheftung
Bindungsart bei Broschüren, Katalogen und Magazinen. Die Seiten werden gefalzt und mit Klammern zusammengeheftet. Sie ist preiswert und wirkt nicht so hochwertig wie eine –> Klebebindung bzw. das –> Lumbecken

Klebebindung
In der Buchherstellung werden die Rohbogen mit Hilfe eines Klebstoffes verbunden. Siehe –> Lumbecken

Klebelayout
Klassisches Verfahren zu Zeiten des fotografischen Drucks. Die Druckdaten wurden auf einen hochauflösenden Film geklebt, der

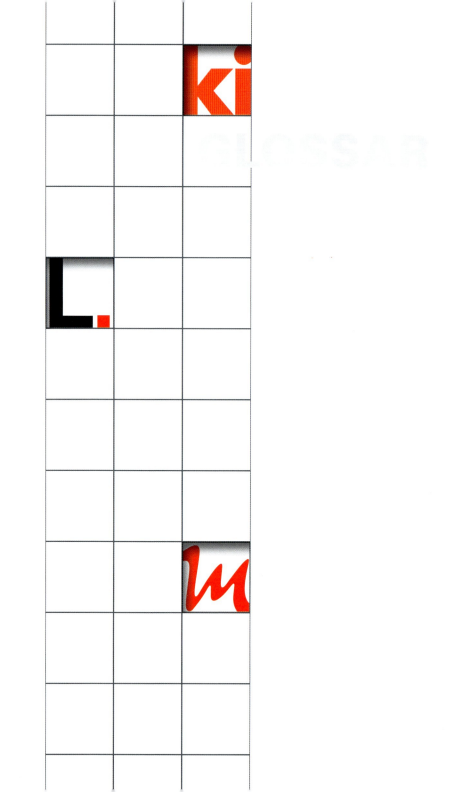

im Druck belichtet wurde. Mitte der 1990er Jahre wurde es weitgehend vom Digitaldruck abgelöst.

Kontern
Auch Spiegeln genannt. Das seitenverkehrte Abbilden eines Bildmotivs.

Kursivschrift
Bezeichnung für nach rechts geneigte Schriftarten. Mit der Neigung ändert sich auch die Form der Buchstaben.

Lauftextschrift
Siehe –> Brotschrift

Laufweite
Abstand zwischen den einzelnen Buchstaben einer Schrift.

Lead
Siehe –> Vorspann

Logo
Auch Signet oder Icon genannt. Kann dem –> Titelschriftzug ein zusätzliches Erkennungsmerkmal verleihen. Es dient als Markenzeichen, zum Beispiel die Tatze der TAZ oder der Stern beim STERN.

Lumbecken
Kaltklebetechnik zum Binden von Taschenbüchern/Zeitschriften. Benannt nach seinem Erfinder Emil Lumbeck (1886–1979).

Marginalspalte
Schmale Randspalte für Zusatzinformationen, die links oder rechts stehen kann. Wird in der Regel schmaler als die Textspalten gesetzt und mit anderer Typo versehen als der Lauftext.

Mediadaten
Informationen über ein Printobjekt. Sie geben Auskunft über die Auflage, Anzeigenformate, Anzeigenplatzierung sowie Anzeigenpreise für Werbekunden. Sie werden regelmäßig von den Verlagen als Anreiz und Entscheidungshilfe für Anzeigenkunden herausgebracht.

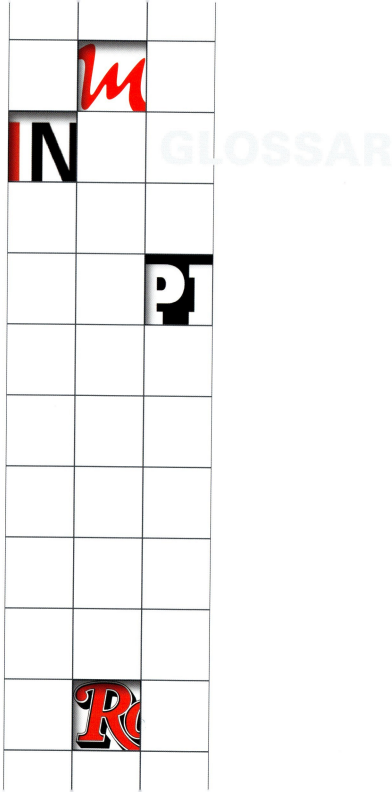

Minuskeln
Fachbegriff für Kleinbuchstaben, im Gegensatz zu –> Versalien

Multi-Picture-Titel
Gestaltungsform für das Titelbild, bei der viele Bildmotive zusammengestellt werden.

Negativtext
Druck von weißem Schriftbild auf schwarzem oder dunklem Hintergrund.

Paginierung
Seitennummerierung eines Magazins.

Pantonefächer
Hilfsmittel zur Farbauswahl und zur Umrechnung in –> CYMK. Er enthält Muster der Pantonefarben, die normiert, farbverbindlich und durchnummeriert sind.

Partielle Lackierung
Druckverfahren, mit dem nur einzelne Bereiche eines –> Covers mit einem speziellen Drucklack überzogen werden.

Passepartout
Bezeichnet in der Kunst eine Papier- oder Kartonumrahmung von Bildern. Der Begriff kommt aus dem Französischen und bedeutet so viel wie „überall passend".

Piktogramm
Ein grafisches Symbol, welches auch ohne Sprache verständlich ist. Häufig anzutreffen auf Bahnhöfen oder an Flughäfen, es dient als Orientierungshilfe.

Punktgröße
Auch Schriftgrad genannt. Größe eines typografischen Zeichens. Punkt bezeichnet ein typografisches Maß für die Angabe der Schrifthöhe.

Rahmentitel
Gestaltungsform eines Titelbildes. Das Bildmotiv wird wie bei einem –> Passepartout umrahmt.

GLOSSAR

Redesign
Überarbeitung und Umgestaltung eines bestehenden Layouts. Einige bezeichnen vor allem die gestalterische Modernisierung eines Titels als Redesign. Andere verwenden den Begriff als Synonym für –> Relaunch.

Relaunch
Neugestaltung einer bereits bestehenden Publikation, um sie neueren Gegebenheiten oder der Zielgruppe anzupassen. Er umfasst das gesamte Layout inklusive Titel. Manche sprechen auch von –> Redesign.

RGB-Modell
Häufigste Farbdarstellungsform am Computer. Sie beruht auf den Farben Rot, Grün und Blau.

Rubrikentitel
Teil der Heftführung. Rubrikentitel kennzeichnen die jeweiligen Kapitel oder Themen eines Magazins und bilden so ein Leitsystem. Sie werden häufig am oberen Seitenrand platziert und dienen als Orientierungshilfe für den Leser.

Satzspiegel
Definierter Bereich für Text- und Bildelemente in einer Publikation. Grundraster für das gesamte Layout.

Schiebespalte
Frei innerhalb des Satzspiegels verschiebbare Spalte oder –> Marginalspalte, auch Tanzspalte genannt. Die Breite ist variabel.

Schlagzeile
Headline oder Überschrift

Schmuckfarben
Festgelegte verbindliche Mischfarben, die im Druck neben den Grundfarben verwendet werden. Schmuckfarben beziehen sich meist auf einen normierten Farbraum.

Schriftfamilie
Dieser Begriff bezeichnet eine Gruppe zusammengehörender –> Schriftschnitte mit unterschiedlichen Breiten.

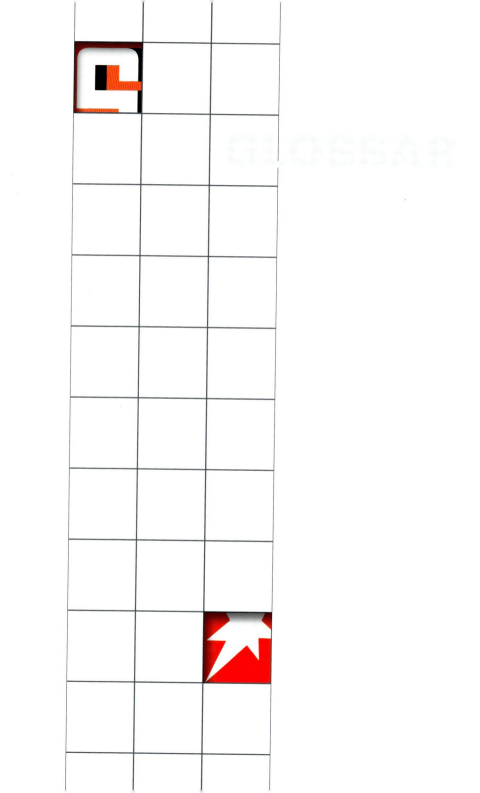

Schriftgrad
Siehe –> Punktgröße

Schriftschnitt
Das Erscheinungsbild einer Schrift. Zu den gängigen Schriftschnitten zählen neben dem normalen Schriftschnitt (regular) beispielsweise kursiv/italic, mager/light, halbfett/semi-bold, fett/bold oder schmal/condensed.

Schusterjunge
Die erste Zeile eines Absatzes, die als letzte Zeile einer Spalte erscheint. Gilt als grober handwerklicher Fehler. Siehe auch –> Hurenkind

Scribble
Handgezeichnete Entwurfsskizze

Seitentitel
Kleinere Überschriften, die dazu dienen, Artikel die sich über mehrere Doppelseiten erstrecken, optisch und inhaltlich miteinander zu verbinden.

Serifen
Kleine Füßchen an den Enden der Buchstaben. Kennzeichen von Antiquaschriften.

Signet
Siehe –> Logo

Spalten
Auch Bein genannt. Vertikale Unterteilung einer Seite in regelmäßige Abschnitte zur Platzierung von Texten.

Spiegeln
Siehe –> Kontern

Standardformat
Häufig verwendetes Format für Magazine (210 x 280 mm)

Strichstärke
Linienbreite eines Schriftzeichens

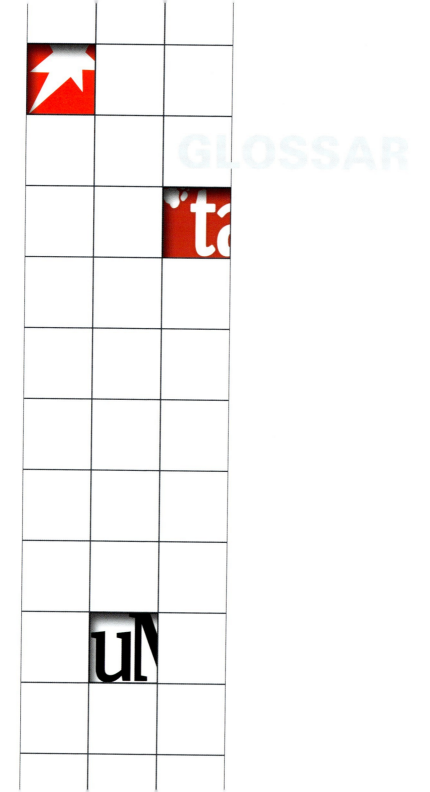

Strukturplan
Auch Heft- oder Seitenplan genannt. In manchen Redaktionen spricht man vom „Kuchenbrett". Er dient der Themenverteilung, Heftdramarturgie und auch der Anzeigenverteilung.

Subline
Englische Bezeichnung für Unterzeile

Titelkopf
Der Titelkopf umfasst den –> Titelschriftzug, Titelunterzeile und gegebenenfalls das –> Logo. Er fungiert als Markenzeichen für das jeweilige Magazin.

Titelschriftzug
Auch Wortmarke genannt. Typografische Umsetzung des Magazinnamens und wesentlicher Teil des –> Titelkopfes.

Triaden
Bezeichnen die Höhepunkte innerhalb eines wellenförmig verlaufenden dramaturgischen Heftaufbaus. Der Begriff stammt aus der Verslehre; griechische Tragödien sind beispielsweise nach diesem Muster konzipiert.

Typografie
Lehre der Schriftzeichen. Sie kann den Inhalt und die Anmutung einer Publikation verdeutlichen.

Typografietitel
Titelgestaltung, die ausschließlich aus Schriftzeichen besteht

Typometer
Auch Typomaß genannt. Werkzeug, um –> Punktgrößen und Zeilenabstände zu ermitteln.

Typometrie
Lehre der Buchstabenkonstruktion. Typometrie beschäftigt sich mit dem Vermessen von Schriftzeichen.

Umbruch
Auch Seiten-, Text- oder Leseumbruch genannt. Das Positionieren von Texten in das Seitenlayout.

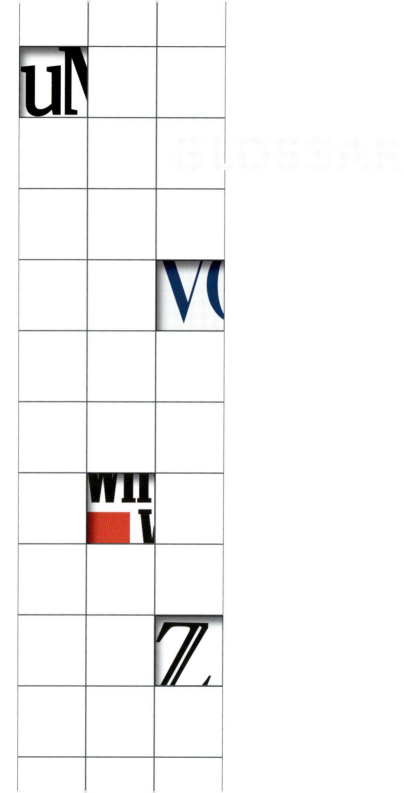

Umhefter
Auch Flappe oder Flying Page genannt. Eine zusätzliche Umschlagseite, die das –> Cover bis maximal zur Hälfte überdeckt.

Umsetzungstitel
Gestaltungsform eines Titelbildes. Die Thematik wird optisch in eine eigene Bildsprache umgesetzt.

USP
Abkürzung für Unique Selling Proposition. Der Fachbegriff stammt aus der Wirtschaft und bezeichnet das Alleinstellungsmerkmal eines Produkts in Abgrenzung zur Konkurrenz.

Veredelung
Die Veränderung der Papieroberfläche zur Erhöhung der Lebensdauer und Optik.

Versalien
Fachbegriff für Großbuchstaben, auch Majuskeln genannt, im Gegensatz zu –> Minuskeln.

Vorspann
Einleitendes Textelement, auch Subline genannt, das in der Regel in unmittelbarer Nähe der –> Headline steht und den Leser auf den Inhalt des Artikels neugierig machen sollte.

Weißraum
Auch Leerraum genannt. Unbedruckte Stellen einer Magazinseite.

Wortmarke
Siehe –> Titelschriftzug

Zeilenumbruch
Stelle, an der ein Text von der einen Zeile in die nächste übergeht.

Zielgruppe
Leserschaft, die von einem Magazin angesprochen werden soll.

Zusatzthemen
Auch Teaser genannt. Weitere Thematiken, die neben der Titelgeschichte auf dem –> Cover angekündigt werden.

IN.D
INSTITUTE OF DESIGN

GRATULIERT UNSERER DOZENTIN

◆

NIKOLA WACHSMUTH

◆

ZU DIESEM SUPER KOMPENDIUM ÜBER EDITORIAL DESIGN

(ES WAR AUCH NOTWENDIG)

INSTITUTE OF DESIGN
Esplanade 30
20354 Hamburg
www.ingd.de

INSTITUTE OF DESIGN
Wallstrasse 15a
10179 Berlin-Mitte
www.ind-berlin.de

INSTITUTE OF DESIGN
Luisenstrasse 25
40215 Düsseldorf
www.ingd-dus.de

BILDNACHWEIS

U1 Logoleiste Collage N.W. 2001; **12** Cut 03, 1/10 (mit freundl. Genehmigung: Horst Moser), HALALI 01/2011; **14** Teller-Foto: Julia Wachsmuth/ Der Spiegel 3/2012; **16** Skribbles: Nikola Wachsmuth, **24** Beef 2/2011, Nido 6/2010, dogs 7/2007, Du 283/2008, Dummy Spezial 10/2006, Elle April 2008, Form 207/2006, Brand eins 7/2012, Interview Februar 2013, iD 318/2012; Max Spezial 2011, Neon April 2012, Novum 10/12 10/12, Edition 1/2011, Stern 32/2007, Stern 13/2010, Wired August 2012, Vogue April 2010, Häuser 08/2010, 032c 17/2009, Dummy 37/2012, Cut 5/2010, Halali 1/2012, Du 826/2012, enorm 3/2012, Monopol 12/1012, Qvest 47/2011, Ramp 18/2012, Snaekers 17/2013, Der Spiegel 50/1999, Süddeutsche Zeitung 05/12; **28** Der Spiegel 37/1950; Der Spiegel 46/2008, Stern 1/1948, Stern 42/2012, **30** Buchrücken aus: Suprise me, mit freundl. Genehmigung: Horst Moser; **31** Stern 48/2012; **32** DIE WOCHE 30/1996, KICKER Sportmagazin 32/2012, 07/2014 DeMORGEN April 2006; **34** Liebling 2003, MAX 5/2003; 38 Bild der Wissenschaft 3/2007; A&W – Architektur & Wohnen 3/11, 1/98; **37** Schriftzug alt/neu HÖR ZU: Axel Springer Verlag; **38** Landlust Jan./Febr. 2010, Meine Landküche 4/2010, Landkind Juli/August 2012, Landgenuss 6/2011, Landidee 1/2011; **39** BLANK April 2009; **40** MAX 8/94; **41** ELLE 3/2012; **42** Fono Forum 1/2007, 12/2008; **43** Elle 12/2002; **46** Schriftzug country/ Jahreszeitenverlag, Schriftzug Fisch & Fang/ Paul Parey Zeitschriften Verlag Schriftzug Spektrum/ Spektrum der Wissenschaft Verlags-GmbH, Schriftzug Deutsche Jagd/ Paul Parey Zeitschriften Verlag, **47** Schriftzug Wirtschaftswoche/ Verlagsgruppe Handelsblatt GmbH; **48** Vogue Feb. 2011; **49** Tomorrow 2/99; **50** Stern 32/2007, 30/2012, 47/2012; **51** BKK Service 5/2009/ MBO Verlag GmbH; **52/53** Diana-Titelbilder Sept 1997, mit freundl. Genehmigung: Horst Moser; **54** Der Spiegel 30/2011; **55** 11 Freunde 130, 09/2012, **56** Bild der Wissenschaft 7/2009, brand eins 2/2003, Focus 38/12; **58** brand eins 4/2008, 10/2005, Neon 8/2008, 10/2008, 032c 2007; **60** Stern 1/2012, **61** Stern 8/2008; **62** MAX 12/2003, Stern 37/2008, Der Spiegel 41/2005; **63** Focus 03/2013, **64** Vanity Fair 2007, Focus Money 52/2012, Wirtschaftswoche 2013, Der Spiegel 7/2001; **66** SZ-Magazin 49/2012; **67** ZEITmagazin 50/2012; **68** Der Spiegel 31/08, 31/1977, Stern 50/2005, Wirtschaftswoche 5/2010/ Illustration: Nana Rausch; **70** Stern 35/2012, Der Spiegel 39/2009; **72** DOGS 2/2007, Interview 2/2012; **74** Apotheken Umschau 8/2012; Wirtschaft im Südwesten 2/2010/ IHK Freiburg, Focus 2/2013; **76** Weinwelt 5/2003; 1/2013; **77** Design Report 3/2001, 6/2012; **78** Damals 1/2000, 3/2013; **79** Häuser 2/2000, 5/2012; **88** Wirtschaft im Südwesten 9/12/ IHK Freiburg; **94** Cut 3/2010, Foto: Lucie Heselich; **95** Cut 3/2010; **96** Fit for Fun 3/2002; **97** Treffpunkt 22/2010 –Mitarbeitermagazin der GDF; **98** Dummy für BDW/ Nikola Wachsmuth, BerlinBlock 09/2009; **100** FONO FORUM 01/08, 12/08; **102** Wirtschaftsspiegel 10/2006, Stern 46/2012; **104** Halali 01/2012; **105** Halali 03/2012; **106** NEON 4/2007, Foto Paul Kranzler, BerlinBlock 09/2009, Fotomontage Uli Staiger/ Die Lichtgestalten; **107** Die Zeit, Foto J. Wachsmuth; **118** Stern o.J./ Fotos Thomas Hesterberg, Jürgen Henschel/ Picture Alliance, Burk Uzzle; **124** KLIMA o. J.; **132** KLIMA Magazin, 2008; **136** Südtirol Panorama März 2010; **138** Financial Times Deutschland 24. 2. 2005; **140** Wirtschaft im Südwesten 7+8 2008/ IHK Freiburg, Bergens Tidende 20. 9. 2006; **148** Zeit Wissen 1/2009, 05/2007; CUT 03, 1/10; 152 Presso, Kauppalehti Press 2005, Expresso/ Unicá 2006; **152** Autogramm – Mitarbeiterzeitung der VW AG/ Jan/Feb 2006, c't Special 02/2010; **154** TOUR 3/2010/ Foto Tim Vanderjeugd, Tonsbergs Blad 3/2006; **160** Novum 10/2012, Beef 2011, Hörzu Reporter/ Erstausgabe 2013, Nido 2/2013; **164** Elektromarkt, Meisenbach Verlag 4/2008, 168 Nido 2/2009, Hörzu Reporter/ Erstausgabe 2013; **167** Archiv N. Wachsmuth; **169** Inside 4/2010; **170** Stern 4/1999, Bergens Tidende 30. 9. 2006, Mittelbayrische Zeitung 2007; **172** Wirtschaft im Südwesten 08/2009/ IHK Freiburg; **174** Lenz 11/2008; Amica o.J.; **175** Presso 2005; **176** Stern 51/2002, 46/2012; **180** Coffee & more o.J., Meisenbach Verlag, Schlossallee 2/2012; **182** Shutterstock; **188** Der Spiegel 27/2014; Stern 43/2014; Fokus Diabetes Herbst 2012; Flow 1/2013; Séparée 1/2014; Wald 1/2013; Happinez 3/2011; LandGang 5/2014; 11Freunde 156/2014; Effilee 21/2012; Stern Gesund leben 4/2012; Wired 11/2014; **190** Stern 4/2013; 12/2013; **191** Stern 46/2012; 46/2014; **192** Stern 46/2012; **193** Stern 12/2013; **194** Der Spiegel 14/2014; 19/2014; **195** Der Spiegel 12/2011; 3/2012; 43/2013; 23/2014; 39/2014; 43/2014; **196** Bilanz 05/07/09/2014 **197** 06/09/2014 **198** VDZ **199** New York Times Magazine 2014; Das Buch als Magzin 01/02/2013 **200** Shutterstock; **202** Sunday Harald 29. Aug 2010, Politiken 181/2010, Gaelsceàl 23.07.2010, Svenska Dagbladet 11.08.2008, Kultur 29.11.2008, bazkulturmagazin 18.03.2008, Presso 4/2004, Boger 17.06.2010, K SvD Kultur 12/2008; **203** Diário de Noticias August 2010, KINA 130/2008; alle Buchseiten-Bilder: Shutterstock; Danke an alle Verlage!

Dank an meine Tochter Julia, Heike Gläser, Michael Pöppl, Bernd Ratmeyer,
Petra Vierecke, Irmhild Speck und Hans-Peter Copony für die tatkräftige Unterstützung.
Dank an alle Verlage für die zur Verfügung gestellten Abbildungen.